技术获取型海外并购整合与目标方自主性研究

A Study on Technology Sourcing Overseas M&A Integration and Target Autonomy

陈 珧 著

中国社会科学出版社

图书在版编目（CIP）数据

技术获取型海外并购整合与目标方自主性研究/陈珧著.—北京：中国社会科学出版社，2020.8
ISBN 978-7-5203-6448-5

Ⅰ.①技…　Ⅱ.①陈…　Ⅲ.①企业兼并—跨国兼并—研究—中国　Ⅳ.①F279.214

中国版本图书馆 CIP 数据核字（2020）第 077248 号

出 版 人	赵剑英
责任编辑	刘晓红
责任校对	夏慧萍
责任印制	戴　宽

出　　版	中国社会科学出版社
社　　址	北京鼓楼西大街甲 158 号
邮　　编	100720
网　　址	http://www.csspw.cn
发 行 部	010-84083685
门 市 部	010-84029450
经　　销	新华书店及其他书店
印刷装订	北京君升印刷有限公司
版　　次	2020 年 8 月第 1 版
印　　次	2020 年 8 月第 1 次印刷
开　　本	710×1000　1/16
印　　张	14.5
字　　数	196 千字
定　　价	86.00 元

凡购买中国社会科学出版社图书，如有质量问题请与本社营销中心联系调换
电话：010-84083683
版权所有　侵权必究

出 版 说 明

为进一步加大对哲学社会科学领域青年人才扶持力度，促进优秀青年学者更快更好成长，国家社科基金设立博士论文出版项目，重点资助学术基础扎实、具有创新意识和发展潜力的青年学者。2019年经组织申报、专家评审、社会公示，评选出首批博士论文项目。按照"统一标识、统一封面、统一版式、统一标准"的总体要求，现予出版，以飨读者。

全国哲学社会科学工作办公室
2020年7月

摘　　要

技术获取型海外并购作为提升企业技术创新能力，创造协同潜力，实现跨越式发展的快速通道，近年来在我国对外投资中占据越来越重要的位置。对于"走出去"的中国企业来说，完成海外并购仅仅是一个开始，预期协同效应仍然需要通过并购后整合活动来实现。由于并购整合实施不当而导致并购未能获得预想成功的案例并不鲜见，如何合理地制定和实施并购后整合策略以最大化地实现并购后协同效应是众多中国技术获取型海外并购企业所面临的现实难题，也引起了理论界的广泛关注。

本书围绕技术获取型海外并购整合与目标方自主性这一焦点，从海外并购双方资源相似性与互补性的视角切入，通过数理模型刻画、仿真实验、中外对比实证研究和多案例比较研究等多种方法论来检验和支持理论的发展。本书强调资源相似性、互补性及其交互作用，研究在技术获取型海外并购协同效应最大化的目标下，与并购双方资源相似性互补性强弱特征相匹配的并购整合程度与目标方自主性策略选择，并且考察海外并购双方制度距离对上述匹配模式的有效性的影响，为中国企业的技术获取型海外并购提供理论和实践指导。

在本领域的理论推进方面，本书主要做了以下两个方面的工作：首先，本书考察资源联系性与并购后整合策略的匹配，同时进一步考察这种匹配对于并购后协同效应的影响作用，形成一条考虑三者之间关系的连贯的逻辑链条，构建了一个相对完善的理论框架；其次，本书特别关注了海外并购不同于一般国内并购的制度因素，考察海外并购双方制度距离高低对于上述资源联系性与整合策略之间匹配模式有效性的影响，提出在制度距离高低不同情形下，为实现并购后协同效应最大化，技术获取型海外并购最优整合程度和目标方自主性选择，将制度理论视角与资源理论视角有机结合在一起，形成了更为全面的海外并购整合研究。

同时，本书的研究结论对于中国技术获取型海外并购企业整合决策亦具有一定现实指导意义：首先，管理者应该充分认识并购后整合实施在技术获取型海外并购中的重要性，整合阶段的成败对于并购的成败至关重要，中国企业应在实践中不断积累经验，注重海外并购整合能力的提升和建设，培养和组织优秀的整合管理团队；其次，管理者应该意识到并没有一种固定的整合模式适用于所有类型的技术获取型海外并购，在制定技术获取型海外并购整合策略时，管理者需要仔细地甄别海外并购双方的资源特征以及海外并购的制度环境特征，并以此为依据选择与之匹配的并购整合策略，提升并购后协同效应。

关键词： 技术获取型海外并购　整合程度　目标方自主性　资源相似性　资源互补性　制度距离

Abstract

Technology sourcing overseas M&A as a channel to enhance the technological capability of an enterprise and achieve synergy, is nowadays playing a more and more important role in China's outward foreign direct investment. For the many Chinese acquiring enterprises, completing the M&A is just a start; achieving the expected synergy effect still requires the effective recombination and integration of the resources and technologies of the two merging parties. M&A failure caused by inappropriate integration is not rare in practice, so how to choose and implement the optimal integration strategy to better achieve post – merger synergy is a realistic question to Chinese acquiring enterprises, also a research focus to scholars.

From the perspective of resource similarity and complementarity, this book builds the theory of the integration and target autonomy in technology sourcing overseas M&A, and tests the theoretical hypotheses using a variety of research methods such as mathematical model building, simulation experiment, comparative empirical analyses, and case analyses. Based on resource similarity, resource complementarity, and their interaction effect, we emphasize that integration strategy—including the choices of integration degree and target autonomy—should be matched with the resource relatedness of the two merging parties to optimize post – merger synergy, and we also discuss the influence of institutional distance on the effectiveness of the matching pattern, trying to provide some theoretical and practical implication for Chinese acquiring enterprises in technology sourcing overseas M&A.

In terms of theoretical promotion in this field, this book mainly works at the following two aspects: Firstly, from the perspective of resource similarity and complementarity and their interaction effect, this book examines the matching between resource relatedness and post - merger integration strategy, and considers the impact of this matching on post - merger synergy further, thus forms a coherent logical chain considering the relationship between the three and constructs an improved theoretical framework. Secondly, this book puts special emphasis on the institutional factors in overseas M&A that are different from those of domestic M&A and examines the impact of institutional distance between home and host countries on the effectiveness of the matching pattern between resource relatedness and integration strategy by proposing the optimal integration degree and target autonomy selection under different situations of institutional distance in order to maximize the synergy effect after M&A. We organically combine the perspective of institutional theory with the perspective of resource - based theory, forming a more comprehensive study of overseas M&A integration.

Meanwhile, the research conclusion of this book also has some practical guiding significance for the integration decision - making of Chinese acquiring enterprises in technology sourcing overseas M&A: Firstly, managers should fully understand the significance of integration to the success of technology sourcing overseas M&A. Chinese acquiring enterprises should continuously accumulate experience in practice, pay attention to the construction and improvement of the integration capability of overseas M&A, and cultivate and organize excellent integration management teams. Secondly, managers should be aware that there is no one fixed integration pattern applicable to all types of technology sourcing overseas M&A. Chinese acquiring enterprises should collect information before M&A and evaluate all aspects of overseas targets as well as the external political, economic, social and legal environment of the overseas M&A prudently and fully, so as to make the optimal M&A integration decision on the basis of accurate information to achieve best synergy.

Keywords: Technology sourcing overseas M&A; Integration degree; Target autonomy; Resource similarity; Resource complementarity; Institutional distance

目 录

第一章 绪言 …………………………………………………… (1)
    第一节 研究背景与问题提出 …………………………… (1)
    第二节 关键概念论述 …………………………………… (6)
    第三节 研究目标、内容与框架 ………………………… (9)
    第四节 研究方法、创新点及技术路线 ………………… (14)

第二章 技术获取型海外并购整合与目标方自主性研究综述 ………………………………………………… (17)
    第一节 技术获取型海外并购整合程度与目标方自主性研究 ……………………………………………… (17)
    第二节 技术获取型海外并购资源相似性、互补性与并购整合研究 ……………………………………………… (27)
    第三节 技术获取型海外并购制度距离与并购整合研究 … (35)
    第四节 技术获取型海外并购整合与并购协同效应研究 … (39)
    第五节 现有文献评述 …………………………………… (45)
    第六节 研究空间分析 …………………………………… (46)

第三章 技术获取型海外并购整合与目标方自主性的机理研究与假设提出 ……………………………………… (49)
    第一节 技术获取型海外并购中的整合程度与目标自主性 …………………………………………………… (49)

第二节 技术获取型海外并购整合程度、目标自主性与
　　　　资源相似性、互补性的匹配……………………………（54）
第三节 制度距离对资源联系性与整合策略匹配模式
　　　　有效性的影响……………………………………………（61）
第四节 总体理论框架……………………………………………（65）
第五节 本章小结…………………………………………………（67）

第四章　技术获取型海外并购整合与目标方自主性的数理模型分析……………………………………………（68）

第一节 模型结构…………………………………………………（68）
第二节 技术获取型海外并购整合过程刻画……………………（69）
第三节 整合决策：制度距离较高和较低情形的分类
　　　　讨论………………………………………………………（73）
第四节 制度距离较低情形下的比较静态分析…………………（76）
第五节 并购决策…………………………………………………（84）
第六节 本章小结…………………………………………………（85）

第五章　技术获取型海外并购整合与目标方自主性的动态仿真分析……………………………………………（87）

第一节 多主体仿真方法简介……………………………………（88）
第二节 仿真实验环境设置………………………………………（89）
第三节 仿真实验参数设置………………………………………（90）
第四节 制度距离较低情形下的仿真实验结果分析……………（92）
第五节 制度距离较高情形下的仿真实验结果分析……………（96）
第六节 本章小结…………………………………………………（100）

第六章　技术获取型海外并购整合与目标方自主性的中外对比实证分析………………………………………………（101）

第一节 样本和数据………………………………………………（101）

第二节　变量测度 …………………………………………（105）
　　第三节　实证模型设定 ……………………………………（118）
　　第四节　实证结果分析 ……………………………………（118）
　　第五节　本章小结 …………………………………………（128）

**第七章　技术获取型海外并购整合与目标方自主性的案例
　　　　　分析** ………………………………………………（130）
　　第一节　上海电气并购高斯国际 …………………………（131）
　　第二节　中联重科并购 CIFA ……………………………（138）
　　第三节　中鼎股份并购 COOPER ………………………（146）
　　第四节　TCL 并购汤姆逊 ………………………………（152）
　　第五节　沈阳机床并购希斯公司 …………………………（160）
　　第六节　案例间横向对比 …………………………………（168）
　　第七节　本章小结 …………………………………………（171）

第八章　总论 …………………………………………………（172）
　　第一节　研究路线与主要结论 ……………………………（172）
　　第二节　理论进展与现实意义 ……………………………（175）
　　第三节　研究局限与未来研究方向 ………………………（178）

附　录 …………………………………………………………（181）

参考文献 ………………………………………………………（189）

索　引 …………………………………………………………（211）

后　记 …………………………………………………………（213）

Contents

Chapter 1 Introduction (1)
   Section 1 Research Background and Research Questions (1)
   Section 2 Key Concepts (6)
   Section 3 Research Target, Content, and Framework (9)
   Section 4 Research Method, Innovation, and Roadmap (14)

Chapter 2 Literature Review (17)
   Section 1 Technology Sourcing Overseas M&A Integration and Target Autonomy (17)
   Section 2 Resource Similarity, Complementarity, and Integration in Technology Sourcing Overseas M&A (27)
   Section 3 Institutional Distance and Integration in Technology Sourcing Overseas M&A (35)
   Section 4 Technology Sourcing Overseas M&A Integration and Synergy Effect (39)
   Section 5 Review of Existing Literature (45)
   Section 6 Analysis of Research Space (46)

Chapter 3 Theoretical Study and Research Hypothesis (49)
   Section 1 Technology Sourcing Overseas M&A Integration and Target Autonomy (49)
   Section 2 Match of Resource Similarity, Complementarity,

Integration Degree, and Target Autonomy in Technology Sourcing Overseas M&A ……………………………………… (54)
Section 3　The Influence of Institutional Distance …………… (61)
Section 4　Theoretical Framework …………………………… (65)
Section 5　Summary …………………………………………… (67)

Chapter 4　Mathematical Model ……………………………… (68)
Section 1　Structure of the Model …………………………… (68)
Section 2　The Process of Technology Sourcing Overseas M&A Integration ……………………………………………… (69)
Section 3　Integration Decision: A Classified Discussion ……… (73)
Section 4　Comparative Static Analysis under Low Institutional Distance ………………………………………………… (76)
Section 5　M&A Desicion ……………………………………… (84)
Section 6　Summary …………………………………………… (85)

Chapter 5　Simulation Experiment …………………………… (87)
Section 1　Introduction to the Simulation Experiment ………… (88)
Section 2　Environment Setting ……………………………… (89)
Section 3　Parameter Setting ………………………………… (90)
Section 4　Simulation Experiment Result Analysis under Low Institutional Distance ………………………………… (92)
Section 5　Simulation Experiment Result Analysis under High Institutional Distance ………………………………… (96)
Section 6　Summary …………………………………………… (100)

Chapter 6　Comparative Empirical Study at Home and Abroad ……………………………………………… (101)
Section 1　Sample and Data …………………………………… (101)

Section 2	Variable	(105)
Section 3	Model Setting	(118)
Section 4	Result Analysis	(118)
Section 5	Summary	(128)

Chapter 7 Case Study (130)
Section 1	Shanghai Electric Corporation's Acquisition of Goss International Corporation	(131)
Section 2	Zoomlion Heavy Industry Science & Technology Corporation's Acquisition of CIFA Corporation	(138)
Section 3	Zhongding Sealing Parts Corporation's Acquisition of COOPER Corporation	(146)
Section 4	TCL Corporation's Acquisition of Thomson Corporation	(152)
Section 5	Shenyang Machine Tool Corporation's Acquisition of Schiess Corporation	(160)
Section 6	Comparison between Cases	(168)
Section 7	Summary	(171)

Chapter 8 Conclusion (172)
Section 1	Research Overview and Major Conclusion	(172)
Section 2	Theoretical Progress and Practical Significance	(175)
Section 3	Research Limitation and Future Research Direction	(178)

Appendixes (181)

References (189)

Index (211)

Postscript (213)

第 一 章

绪 言

第一节 研究背景与问题提出

一 现实背景

在如今技术飞速进步、创新要求日益提高的大环境下，很多企业无法拥有足够的时间和能力去自主研发新的技术或增强现有的技术优势。海外并购，特别是技术获取型海外并购作为一种重要的外部知识与技术资源的获取途径，拓展了企业的技术范围，已成为企业内部 R&D 的重要补充。通过收购先进的技术，企业能够更好地应对竞争的速度、成本和技术发展的复杂性等问题，从而提升企业自身的技术创新能力，创造协同潜力，实现跨越式发展。

近年来，我国企业海外并购快速发展，其中最为显著的一个特点是制造业、高科技行业的技术获取型海外并购在对外投资中占据越来越重要的位置。据汤姆森路透社数据统计，2016 年，中国海外并购金额总计达到 2209 亿美元，约为 2015 年的两倍，占全球跨境并购总额的 16%，这也是我国海外并购金额第七年连续增长。从海外并购的目标国来看，美国、英国、德国仍为中企最热衷的投资目的地，中国对欧洲地区并购交易额达到 999 亿美元，是欧洲对华并购的四倍多，创下历史新高；对北美地区的并购同样创下历史新高，并购交易额达到 688 亿美元。从海外并购所处行业来看，高科技企业仍是中国企业海外并购的主要标的，2016 年高科技领域的并购交易额达到 378 亿美元，位居前列，与 2015 年相比实现翻番以上，以获取海外先进技术研发能力、实现企业技术更新升级为目的的技术获取型海外并购在对外投资中占据非常重要的位置。虽然随着国内监管逐步收紧和规范、海外审查趋严以及国际局势的不断变幻，2017 年中国企业海外并购非理性交易得到抑制，交易金额和数量有所降低，但仍大于 2014 年和 2015 年总和；其中高科技行业海外并购更是保持了同比 11.4% 的增幅①，先进制造和科技领域仍居中资海外并购热门，中国企业技术获取型海外并购方兴未艾。

对于"走出去"的中国企业来说，完成海外并购仅仅是一个开始，做好并购后的整合工作，实现预期的并购协同效应才是关键。在并购的历史案例总结中有一个著名的"七七定律"，即 70% 的并购难以达到预期目标，而 70% 的失败并购均源自整合失败，并购后整合策略的选择和实施是决定并购成功与否的关键。而对于中国技术获取型海外并购企业，在海外并购的过程中，一方面，要面临世界经济、地缘政治方面的风险与挑战，加之由于自身的技术水平、经营管理水平、制度完善性等普遍弱于目标方发达国家，可能增大整合过程中的摩擦，难以获得整合带来的协同收益；另一方面，由于技术获取型海外并购的标的多是海外发达国家的有形和无形技术资产，如若并购后整合管理不当，其内在的创新价值更容易遭到破坏，因此，和其他类型的海外并购相比，技术获取型海外并购的整合问题更为突出。在中国技术获取型海外并购典型案例中，TCL 并购汤姆逊及阿尔卡特、上汽集团并购双龙汽车等均是由于并购后整合实施不当而导致并购未能获得预想的成功。如何合理地制定和实施海外并购后整合策略以最大化地实现并购后协同效应是众多中国

---

① 普华永道：《中国企业并购市场 2017 年回顾与 2018 年展望》。

技术获取型海外并购企业所面临的现实难题。

二 理论背景

虽然海外并购是获取协同效应的重要来源，企业通过并购获得的技术和资源转化为自身能力和收益的提升仍然需要通过并购后的整合和资源重组来实现（Capron，1999；Capron et al.，1998；Larsson and Finkelstein，1999）。在海外并购后，整合策略是最重要的焦点，会对并购绩效产生深远的影响（Haspeslagh and Jemison，1991；Gomes et al.，2013）。实际中，并购整合实施至少需要考虑关于整合程度和目标方自主性两个方面的决策（Zaheer et al.，2013）。整合程度和目标方自主性程度作为并购后整合决策的两个维度，其内涵和概念有所不同：整合程度定义为并购后并购双方结构性的统一或者资源的重新配置程度（Shrivastava，1986；Pablo，1994），目标方自主性定义为并购后并购方给予目标方日常运营权力的自由程度和持续性（Datta and Grant，1990；Haspeslagh and Jemison，1991；Zaheer et al.，2013）。相比于其他类型的海外并购，技术获取型海外并购的整合实施特别重要，因为以技术知识为基础的资产比普通的资产更难以评估、掌握和利用（Massimo and Ognjenka，2010）。如何选取最优的技术获取型海外并购整合程度和目标方自主性程度以实现并购的潜在价值和协同效应，是学界关注的一个理论焦点，也是本书研究的主要问题。

以组织行为学派和过程学派为代表的理论流派研究了并购后整合行为对于并购协同效应实现的影响。对于并购双方两个相互独立的个体而言，整合程度的恰当选择是十分重要的（Larsson and Finkelstein，1999；Cannella and Hambrick，1993）。高度的整合在理论上能够提高协同潜力，但它也可能导致消极的结果，表现为较高的协调成本和组织间冲突（Pablo，1994）。目标方在并购实施中的自主性能够提供目标方雇员稳定的因素并且可以减少并购后组织变化带来的冲突效应，有利于并购协同的实现（Graebner，2004；Castaner and Karim，2012），也有部分学者认为目标方不应该被给予自主性，相反应该对目标方重新架构将其部分资源吸收进并购方（Datta and Grant，1990）。

在这些对于选取什么样的整合行为对于并购最为有利的争论中，从资源基础观出发研究海外并购双方的资源相互关系对于整合影响作用的分析为我们提供了有益的视角。基于企业的资源基础观，并购双方的资源相似性和互补性通过影响整合实施，为技术获取型海外并购创造更多的协同效应。合并公司对于资源相互依赖的需求要求较高程度的整合；对于保护目标公司的差异性价值资源的需求要求目标公司管理者保持较高的决策自主性。

已有的研究认为，技术获取型海外并购整合决策须包含两个重要的方面：一方面是并购后结构性的变动，即对目标方的整合程度；另一方面是并购后给予目标方的自主权程度，即目标方自主性，为技术获取型海外并购整合和目标方自主性研究提供了基础，并指出了并购双方资源联系性在其中的重要性，初步探讨了基于并购双方资源联系性的并购整合策略选择。然而，目前对于将整合程度与目标方自主性纳入统一框架内进行研究的文献还较为缺乏，只有极少数的研究同时考察了并购整合行为的这两个方面；更进一步地，目前研究对于基于并购双方资源联系性的并购整合策略选择，以及整合策略对于技术获取型海外并购协同效应的进一步影响仍属两块割裂的研究，未能形成一条考虑三者之间关系的连贯的逻辑链条。基于资源相似性与互补性视角，如何根据海外并购双方资源关系来选择最优的整合程度与目标方自主性，达到促进技术获取型海外并购协同效应实现的目的，仍然亟待更为具体的研究。

此外，技术获取型海外并购不同于一般性国内并购的一个最大特点在于海外并购中的并购方企业需要面对与目标方之间巨大的国别差异，这其中，以并购方和目标方所在国之间体系和制度方面的差异对海外并购的影响最为突出，母国和东道国的制度距离（包括如政治和司法规则、经济和市场规则等方面在内的差异性）将会影响海外并购企业在外国市场扩张过程中对于并购整合模式和所有权结构的选择。事实上，制度理论和资源理论均为战略管理领域中的经典理论，两者并不互相背离：海外并购双方的资源相似性、互补性因素属于并购整合主体的特征，而海外并购双方制度因素属于并购整合发生环境的特征，两者对于技术获取型海外并购整合过程都会产生一定的影响。然而在现有海外并购整合领域的研究中，通常只从单一理论视角出发研究问题，没有很好地将基于制度的理论和基于资源基础观的理论有机地结合在一起，这不得不说是目前研究中的一个缺失。

三　问题的提出

从以上研究背景分析中可以看出，技术获取型海外并购整合是一个复杂过程，涉及众多影响因素。结合理论与现实背景，在以往研究的基础上，本书写作的主要目的在于厘清技术获取型海外并购双方资源联系性、整合策略和并购后协同效应三者之间的内在逻辑，以及探讨海外并购中的制度因素在其中的影响。具体而言，本书拟提出和解决如下两个关键性问题：

第一，技术获取型海外并购中，应如何选择与并购双方资源特征（在文中主要指的是并购双方间资源相似性和资源互补性的强弱）相匹配的整合程度与目标方自主性决策，方能实现并购后协同效应的最大化？本书在区分整合程度与目标方自主性作为并购整合策略的两个不同方面的基础上，深入探究整合程度与目标方自主性对技术获取型海外并购协同效应的内在作用机制和传导路径，并且提出只有当整合策略与海外并购双方资源相似性、互补性特征正确匹配时，才能发挥整合程度与目标方自主性的积极作用、规避整合程度与目标方自主性的消极作用，从而实现并购后协同效应的最大化。

第二，技术获取型海外并购双方所在国之间的制度距离是否会对上述资源联系性和整合策略之间匹配的有效性造成影响？本书认为，制度提供了海外并购发生的环境，基于制度理论的思想，在海外并购中，国家的政治、经济和社会制度能够调节企业的经济活动和绩效（Cui and Jiang，2012；North，1990），因此技术获取型海外并购方和目标方所在国之间的制度距离将会影响与并购双方资源联系性适配的整合策略选择，我们需要关注资源联系性与整合策略之间的匹配模式是否在海外并购双方制度距离高低不同情形下均能够成立。

带着上述研究问题，本书将构建技术获取型海外并购双方资源联系性、整合策略、并购协同效应三者之间关系的综合分析框架，并考察制度距离在其中的影响作用，综合采用数理模型、动态仿真、中外对比实证研究、案例研究等多种方法论验证和支撑本书的理论假设，补充现有并购文献的研究，得到对于企业技术获取型海外并购具有理论和实践意义的结论和启示。

第二节　关键概念论述

本书以技术获取型海外并购整合与目标方自主性为研究对象，从资源相似性与互补性的视角切入，同时考察制度距离在其中的作用。本书涉及的一些关键概念，如技术获取型海外并购，整合与目标方自主性，资源相似性与互补性，制度距离等，其内涵和外延在不同的研究领域和语境中可能具有些许的差别和不同的侧重点。因此，在展开进一步的分析阐述前，我们需要对涉及的这些关键概念进行界定和论述，以避免这些重要概念使用的模糊性对本书后续研究造成的不便和困难。

一　技术获取型海外并购

技术知识的快速增长，促进产品的更新换代，需要整合不同来源的多重技术，这对全球企业来说都是一种挑战，使得通过海外并购从外部获取技术资产并在内部对技术进行整合研发变得相当重要

(Miozzo et al.，2011)。技术获取型海外并购在本书中指的是，以海外并购的形式接近和获取海外优质技术资产、技术知识、研发资源等，通过技术的消化吸收和再创造，达到提升自身技术水平、实现并购协同效应的目的的一种海外投资行为。

技术获取型海外并购与其他类型的海外并购相比，其不同之处主要在于：首先，技术获取型海外并购的战略动因在于获取海外目标企业的核心技术以提升自身的技术能力和水平。其次，技术获取型海外并购的标的多为海外高质量的专门技术和知识，包括无形和有形的技术资产。最后，技术获取型海外并购是技术弱势的企业为实现技术追赶与跨越而向技术强势的企业接近，因此此类并购的目标企业多是海外发达国家的技术领先企业。

二 并购整合与目标方自主性

整合的概念在不同的研究领域具有不同的意义，其关键的内涵在于将原先零散和细分的要素组合和交融在一起，形成更有价值和更有效率的一个新整体。在本书中，我们主要关注企业并购后整合，指的是一家企业在通过并购获取另一家企业的全部或部分控制权后，对双方企业的资产、人力、技术等企业要素进行重新组织和合理化安排，从而使并购后的跨国企业能够按照一定的规则和架构进行运营，进而实现预期的并购协同价值创造的行为。

现有的文献将并购整合划分为不同的维度，例如整合程度、整合速度、整合模式等。在本书中，我们重点关注的是整合程度，即并购后并购双方在组织、管理、运营、生产和文化等方面进行结构性的统一以及资源的重新配置程度。同时，本书将目标方自主性也纳入并购后整合的讨论，定义为并购后并购方给予目标方独立进行日常经营管理与决策的自由程度和权力大小。在下文的所有分析中，我们将同时考察整合程度与目标方自主性作为两个独立的整合决策，是如何在技术获取型海外并购后整合阶段发挥作用，并受到哪些因素的影响和制约的。

三 资源相似性与互补性

在并购领域的研究中,对于企业资源联系性的研究由来已久。现有的文献将并购方企业和目标方企业之间的资源联系性视作并购活动中产生协同收益进而价值创造的重要潜在来源(Singh and Montgomery, 1987)。在早期,资源联系性通常被定义为并购方企业和目标方企业在产品、顾客、资源等方面的"临近性"或者相似性(Chatterjee, 1986; Lubatkin, 1987)。本书对技术获取型海外并购双方资源相似性的定义为:并购双方企业在技术、产品、市场、文化等资源和能力方面的相似程度。资源相似性提供了整合成功的来源:对高技术产业并购的研究已经发现,资源相似性能管理促进现有知识的相互理解和分享,共同的技能、共享的语言和相似的认知结构实际上是学习的先决条件。

随着理论的推进,研究发现资源相似性只是资源联系性的其中一个方面,因而逐渐发展出了资源互补性的概念(Capron et al., 1998; Hitt et al., 2001; Wang and Zajac, 2007)。与资源相似性相对地,本书对技术获取型海外并购双方资源互补性的定义为:并购双方企业所拥有的技术、产品、市场、文化等资源和能力,在具有一定差异的基础上,能够相互支持和促进以增加潜在价值的程度。不同于资源相似性,资源互补性给企业创造了"单一企业所不能够独立发展的能力"。在下文的所有分析中,我们将同时考察资源相似性与资源互补性作为海外并购双方资源联系性的两个方面,是如何影响技术获取型海外并购后整合阶段的策略选择的。

四 制度距离

研究表明,并购方和目标方所在国之间的体系和制度差异对于海外投资企业来说是非常重要的。母国和东道国之间的正式制度(包括政治和经济方面的法律、法规等)和非正式的上层建筑(文化方面的惯例和共同认知)将会影响跨国公司在外国市场扩张过程中对于进入模式以及进入后管理方式的选择（Demirbag et al., 2007; Estrin et al., 2009; Reis and Carvalho, 2014）。

制度距离在本书中指的是技术获取型海外并购双方所在国之间正式制度环境的差异程度。之所以考虑正式制度而不是非正式制度，是因为非正式制度在含义上更贴近于文化，而我们在资源相似性与互补性的分析中已包括了文化的维度；相对的，正式制度则描摹了与文化无关的独特的国家制度环境，反映了跨国企业进行经济和政治活动受到的约束及激励机制，是影响企业海外经营有效性的重要因素（Puck et al., 2009）。相比于非正式制度距离，正式制度距离更能反映出海外并购双方所在国在政治和司法规则、经济和市场规则等方面的差距。在下文中，我们主要考察制度距离对于技术获取型海外并购双方资源联系性与整合策略选择之间匹配模式有效性的影响。

第三节 研究目标、内容与框架

一 研究目标

本书围绕技术获取型海外并购整合与目标方自主性这一研究对象，采用海外并购双方资源相似性与互补性的研究视角，开展技术获取型海外并购整合与目标方自主性的理论研究，并综合运用数学建模、动态仿真、中外对比实证和案例分析等多种方法论来检验和支持理论的发展。本书强调资源相似性、互补性及其交互作用，研究为了实现技术获取型海外并购协同效应最大化这一目标，应如何选择与并购双方资源相似性、互补性不同强弱特征相匹配的并购整合程度与目标方自主性策略；并且考察海外并购双方制度距离对上述匹配模式的有效性的影响。根据理论机理，采用仿真方法观察技术获取型海外并购整合与目标方自主性的动态演化；利用现实数据，开展技术获取型海外并购整合与目标方自主性的中外对比实证研究；

辅以深入的典型案例分析，提出技术获取型海外并购整合与目标方自主性的最优选择，为中国企业海外并购整合活动提供可靠的经验指导。

二 研究框架

图 1.1 给出了本书的主要研究框架。第一章绪言。明确了本书的现实及理论研究背景、研究意义，对本书的主要研究问题、研究目标、研究方法等进行简单介绍。第二章技术获取型海外并购整合与目标方自主性研究综述。通过文献回顾和述评对本研究领域的现有研究进展和未来研究空间进行总结。第三章技术获取型海外并购整合与目标方自主性的机理研究与假设提出。围绕技术获取型海外并购整合与目标方自主性策略的选择应如何与并购双方资源相似性、互补性不同强弱特征相匹配以实现并购后协同效应最大化进行深入的分析和阐述，并考察这种匹配模式的有效性是否受到并购双方制度距离因素的影响，构建理论框架，提出本书的核心研究假设。第四章技术获取型海外并购整合与目标方自主性的数理模型分析。通过数学语言刻画技术获取型海外并购整合过程，用数理建模的方法分析基于资源相似性、互补性及其交互作用、制度距离因素下的技术获取型海外并购整合与目标方自主性最优选择。第五章技术获取型海外并购整合与目标方自主性的动态仿真分析。运用多主体仿真方法动态观察在制度距离高低不同的情形下，根据资源相似性、互补性不同强弱组合选择与之匹配的整合与目标方自主性对并购协同效应的影响，弥补静态数理模型的局限。第六章技术获取型海外并购整合与目标方自主性的中外对比实证分析。采用中外对比实证的方法，对中国和韩国企业技术获取型海外并购整合与目标方自主性选择的实践现状进行计量检验，验证本书的核心假设。第七章技术获取型海外并购整合与目标方自主性的案例分析。通过选取代表性的技术获取型海外并购案例，从多个维度进行横向和纵向对比研究，总结中国企业技术获取型海外并购整合与目标方自主性选择的经验

和依据，分析整合与目标方自主性选择对于并购协同效应的作用效果。第八章总论。对本书得到的主要结论进行回顾，并讨论本书研究成果对于理论的推进和现实的指导意义，提出本书的研究局限，对未来研究进行展望。

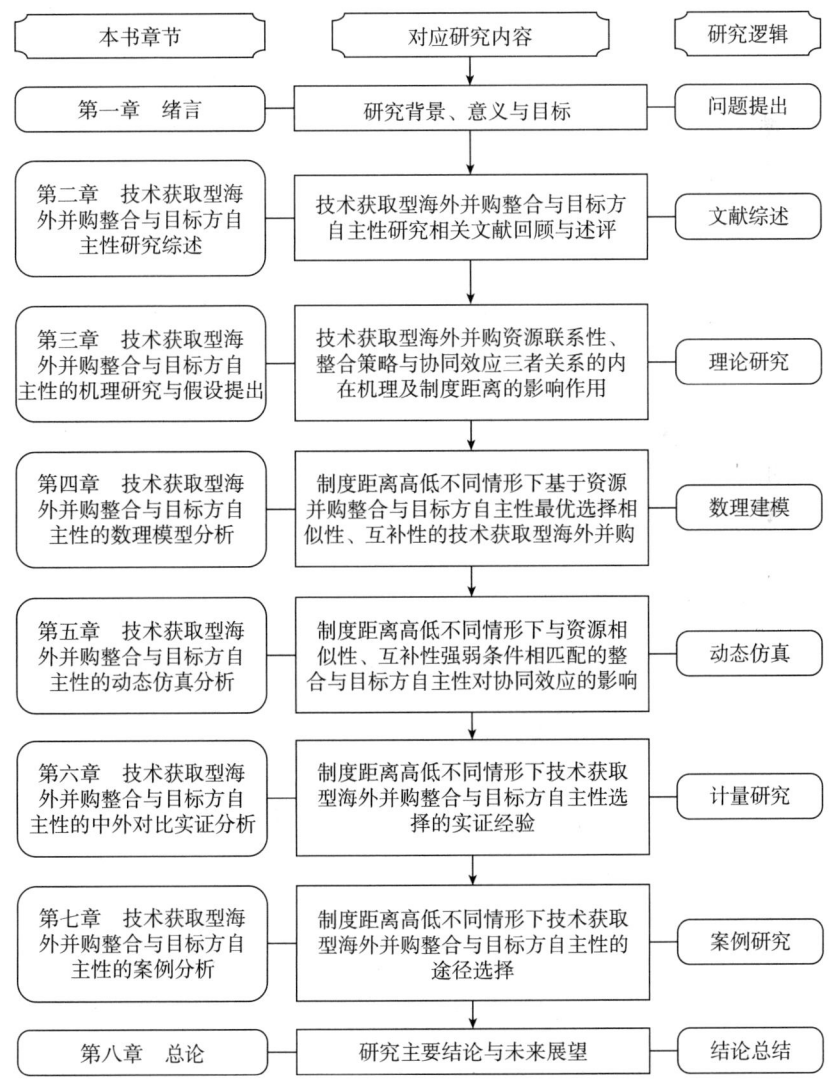

图1.1　本书的主要研究框架

三　研究内容

研究一：资源相似性与互补性视角下技术获取型海外并购整合与目标方自主性的机理研究

本部分研究的主要目的在于通过理论分析与论证，构建基于资源相似性与互补性视角的技术获取型海外并购整合与目标方自主性研究的主要理论机理框架，为后续研究奠定理论基础。本部分研究首先分析技术获取型海外并购中，应如何根据并购双方资源相似性互补性的不同强弱特征来选择与之相匹配的整合程度与目标方自主性决策，方能实现并购后协同效应的最大化；其后探讨了并购双方制度距离对上述匹配模式有效性的影响，从而构建了不同制度距离下技术获取型海外并购双方资源联系性、整合策略、并购协同效应三者之间关系的综合性分析框架。

研究二：资源相似性与互补性视角下技术获取型海外并购整合与目标方自主性的数理模型研究

基于 Guadalupe 等（2012）关于异质性企业通过跨国并购进行技术创新的模型框架，本部分将通过数学语言构建一个技术获取型海外并购整合的数理模型，结合前文理论机理部分的思想，根据跨国公司追求并购后协同收益最大化的动机，使用一个垄断竞争模型刻画海外并购双方资源相似性互补性、并购双方制度距离等因素在技术获取型海外并购整合阶段中的作用，得出在海外并购双方制度距离高低不同情形下，与并购双方资源相似性互补性特征相匹配的最优整合程度和目标方自主性的数理表达方式。数理模型的构建紧密地结合前部分理论框架的内容，其推导结果为前文核心理论假设提供了数学逻辑支撑。

研究三：资源相似性与互补性视角下技术获取型海外并购整合与目标方自主性的动态仿真研究

沿着理论研究部分提出的机理分析和数理模型构建，本部分基于资源相似性与互补性及其交互作用视角，探索在海外并购双方制度距离高低不同情形下，根据技术获取型海外并购双方资源相似性、互补性不同强弱组合选择不同整合程度与目标方自主性对于并购协同效应的动态影响规律。根据理论分析揭示出技术获取型海外并购整合与目标方自主性对并购后协同效应的作用机制，分别构建技术获取型海外并购双方资源相似性、互补性不同强弱组合下选择不同整合程度与目标方自主性对于并购协同效应影响的动态仿真模型，验证并掌握其动态演化规律。

研究四：资源相似性与互补性视角下技术获取型海外并购整合与目标方自主性的中外对比实证研究

根据理论机理、数理模型和动态仿真分析的研究成果，本部分以中国企业技术获取型海外并购事件和韩国企业技术获取型海外并购事件为样本，通过中外对比实证研究，检验在海外并购双方制度距离高低不同情形下，为实现并购后协同效应的最大化，并购双方资源相似性、互补性特征与整合程度、目标方自主性程度之间的匹配效应，同时分析中国样本和韩国样本之间存在的差异，尝试填补现有文献从中外对比的角度进行实证研究的空白。在国内外并购数据库中，选取中国和韩国技术获取型海外并购事件，作为定量评估数据来源的样本集合，采用分层回归分析验证本书核心假设。

研究五：资源相似性与互补性视角下技术获取型海外并购整合与目标方自主性的案例研究

本部分甄选中国企业技术获取型海外并购双方资源相似性、互补性不同强弱组合的典型案例，通过对其资源联系性、制度距离、整合行为、并购协同效果的深入分析，来印证前文理论机理，即在海外并购双方资源相似性互补性强弱不同、制度距离高低不同等条件下，为最大化并购协同效应，应与之匹配的最优整合程度与目标方自主性，拓展补充前文章节结论的深度和广度，从而为中国企业技术获取型海外并购整合提供借鉴指导。

第四节　研究方法、创新点及技术路线

一　研究方法

（1）研究一中，综合运用对外直接投资论、资源经济学、组织行为学、过程学派、制度学派等从理论上把握技术获取型海外并购双方资源联系性、整合策略与协同效应三者关系的内在机理及制度距离在其中的影响，深入分析了在海外并购双方制度距离高低不同情形下，为最大化并购协同效应，与技术获取型海外并购双方资源联系性相匹配的并购整合策略选择，形成了一个较为完整的理论框架。

（2）研究二中，基于微观经济学分析框架，构建一个企业技术获取型海外并购整合的数理模型，用定量化的数学语言刻画了在海外并购双方制度距离高低不同情形下，针对并购双方资源相似性、互补性特征，应与之匹配的技术获取型海外并购的最优整合程度和目标方自主性的数理表达方式。

（3）研究三中，采用仿真方法对技术获取型海外并购整合的动态过程进行演化仿真研究，弥补静态数理模型的不足。仿真模型建立在前文数理模型的基础上，刻画在海外并购双方制度距离高低不同情形下，与并购双方资源相似性、互补性不同强弱特征相匹配的技术获取型海外并购整合与目标方自主性对并购协同效应影响的演化仿真模型，验证并掌握其动态规律。

（4）研究四中，选取中国和韩国技术获取型海外并购事件，作为定量评估数据来源的样本集合，利用收集样本企业的公开新闻信息和客观数据资料获取各变量数据，用分层回归分析的方法对本书核心假设进行检验。

（5）研究五中，综合运用实地调研、二手数据、主题分析、内容分析等研究工具，在此基础上，结合中国企业技术获取型海外并

购的典型案例,对我国技术获取型海外并购企业的资源属性、海外并购制度距离、整合过程以及并购协同效应进行系统性的分析,通过案例横向比较,提炼成功经验及失败教训。

二 研究创新点

(1) 本研究将海外并购整合实施的两个方面——整合程度与目标方自主性纳入统一框架内进行研究,在区分其概念的基础上研究两者在技术获取型海外并购后整合阶段的不同作用机制,从而补充先前研究大多局限于整合的单一维度的不足。

(2) 本研究基于资源相似性互补性的角度,考察资源联系性与并购后整合策略的匹配,同时考虑这种匹配对于并购后协同效应的影响作用,形成一条考虑三者之间关系的连贯的逻辑链条,构建技术获取型海外并购双方资源联系性、整合策略、并购协同效应三者之间关系的更为完善的综合理论框架。

(3) 本研究在单独讨论资源相似性、资源互补性的基础上,还考察了两者共存的情形,分析资源相似性强互补性弱、资源相似性弱互补性强、资源相似性强互补性强三种情况下的并购整合策略选择,这在先前的研究中较为少见。

(4) 本研究特别关注了海外并购不同于一般国内并购的制度因素,考察海外并购双方制度距离高低对于资源联系性与整合策略之间匹配模式有效性的影响,提出在制度距离高低不同情形下,技术获取型海外并购最优整合程度和目标方自主性选择,从而将制度理论视角与资源理论视角有机结合在一起,对以往单一视角下的海外并购整合研究形成了有益的补充。

(5) 本研究运用数理模型分析、演化仿真分析,通过严密的数学推导、结合动态演进的视角,刻画和分析技术获取型海外并购整合这一动态复杂过程,对以往定性的、静态的理论研究形成了适当的、必要的补充。

(6) 本研究的实证部分将技术获取型海外并购协同效应细分为

技术、经营、管理、财务四个维度，运用分层回归模型进行统计分析，并进行中国和韩国的对比实证研究，为中国企业技术获取型海外并购提供理论和实践指导。

三 技术路线

本书的技术路线如图1.2所示。第一，通过回顾本研究领域已有的文献基础，发掘研究的空间，进而通过理论分析建立本书的理论框架。第二，运用数理模型、动态仿真方法，静态地和动态地研究本书提出的理论机制。第三，采用实证统计分析，验证模型假说的有效性。第四，通过案例对比分析，进行经验总结，得到有益于实践的结论。

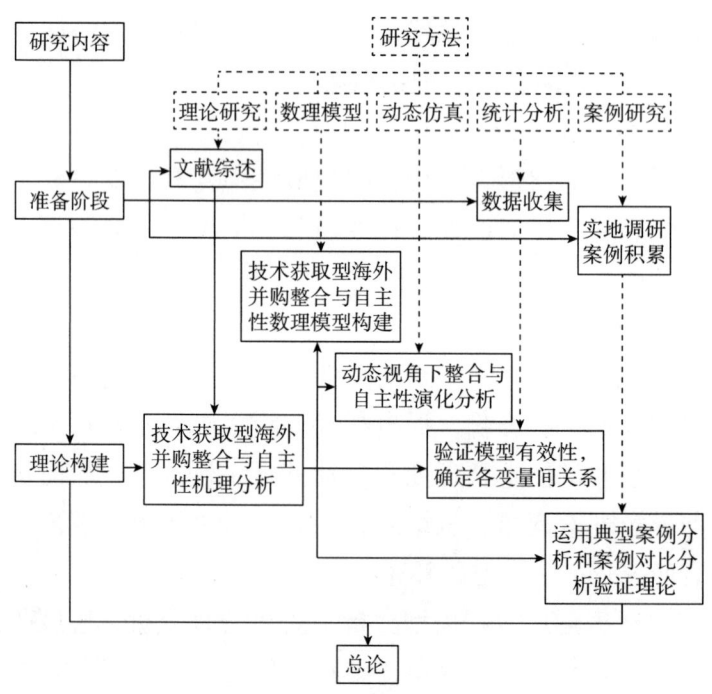

图1.2 本书的技术路线

第 二 章

技术获取型海外并购整合与目标方自主性研究综述

第一节 技术获取型海外并购整合程度与目标方自主性研究

组织行为学派和过程学派的思想认为并购绩效是孕育在并购过程之中的（Haspeslagh and Jemison, 1991; Jemison and Sitkin, 1986）。在并购后需要进行有效率的整合，并购才能最终获得成功（Birkinshaw et al., 2000）。在过去的20年中，学术界和实践界一直认为并购后整合过程是决定并购绩效非常重要的因素（Bauer and Matzle, 2014; Larsson and Finkelstein, 1999）。大量技术管理领域的研究同样表明，为了从并购中获取先进技术和实现价值创造，并购后的整合和资源重组是必要的（Capron, 1999; Capron et al., 1998; Larsson and Finkelstein, 1999），并购方通过将己方和目标方的资源和技术创新性地进行重组来从技术并购中攫取价值（Barney, 1988; Larsson and Finkelstein, 1999; Karim and Mitchell, 2000）。

一 技术获取型海外并购整合程度

整合程度是并购后整合研究领域的一个重要关注点，到目前为止学界大部分有关技术获取型海外并购整合实施的文献主要聚焦于整合程度。现有的文献将整合程度定义为结构性的统一或者资源的重新配置巩固的程度（Shrivastava，1986；Pablo，1994）。整合程度指的是并购后两个公司在多方面框架的统一和巩固程度，包括组织结构、资产、社会文化以及管理行为方面（Capron 1999，Puranam et al.，2006）。Zollo 和 Singh（2004）将整合程度定义为目标方组织功能在多大程度上集中到并购方公司。对于大多数并购方来说，决策和执行恰当的整合计划相当重要，与并购中的其他决策不同。并购方和目标公司的整合程度反映了一种权衡，保留并购前组织属性和大胆利用组织间差异之间的权衡（Haspeslagh and Jemison，1991）。在低程度整合的情况下，目标方在运营和结构方面都保持着相对于并购方的独立性。而在高程度整合的情况下，目标方的绝大部分活动和资源都被融合在并购方统一的组织构架下运行。

　　整合程度的高低选择对于技术获取型海外并购结果的影响是有利有弊的。一方面，整合对协同价值的实现具有好处，进而能够促进并购成功（Larsson and Finkelstein，1999），没有整合，资源的重组利用及冗余资源的消除就无法进行（Cording et al.，2008；Homburg and Bucerius，2006；Pablo，1994），进而对并购的价值产出造成负面影响。结构性整合能够为并购双方提供良好的协作机制，促使并购双方的知识流动更具有效率（Pablo，1994；Puranam et al.，2006；Puranam et al.，2009；Ranft and Lord，2002；Schweitzer，2005）。特别地，在技术获取型并购环境下，较高程度的整合可以带来更好的资源重组和开发，继而带来技术价值创造和技术创新产出（Meyer and Altenborg，2008）。另一方面，高程度的整合带来更多的动荡和整合成本（Pablo，1994；Teerikangas and Very，2006），可能会损害并购后的协同收益。在并购后阶段，高程度的整合将会使企业内已建立的操作程序和套路会被部分地或全部地分解和破坏（Haspeslagh and Jemison，1991）；引发员工的负面情绪（Chatterjee et al.，1992），增加研发人员的离职率（Very et al.，1997），破坏目标企业已有的知识资源（Ranft and Lord，2002）。由于雇员的抵触心理和文化的碰撞，这一阶段是充满风险的。

在实证研究方面，对于并购后整合程度的选择也存在不一致的结论。一些研究证明为了取得预期的并购绩效，至少一定程度的整合是必要的（Chatterjee et al.，1992；Singh and Montgomery，1987；Zollo and Singh，2004）。Capron（1999）的研究主要关注了并购后双方组织资源重新配置的程度，并发现资源重新配置的程度能够正向地促进并购业绩。而另一些实证研究表明结构性整合总体上会减少目标方公司的并购产出。比如，Kapoor 和 Lim（2007）对研发密集型行业内的并购事件进行研究发现，若并购方将目标方整合到己方组织中，而不保留其作为子公司的独立性，则会造成目标方科研人员创新效率的大幅损失。Puranam 等（2006）发现结构性整合对技术获取型并购后首个产品的成功率有消极影响，即结构性整合带来的不利结果在目标方公司处于创新探索阶段的时候特别严重。Schweitzer（2005）深入分析了五起发生在高技术产业（生物制药行业）的并购，其研究结果表明结构性整合通过并购双方营运的步调一致会永久性地改变目标方公司的属性，影响其现有的制度并且会对创新能力带来冲突，至少是在短期内。

现有的研究表明整合程度对并购后价值创造存在不同影响，使得学界意识到对于整合程度的研究需要充分考虑并购动机及并购双方的主体特征为前提。沿着这一思路，Datta 和 Grant（1990）考虑了具有联系性的并购和不具有联系性的并购两者之间绩效的差异，发现若是不具有联系性的并购，则低程度整合对并购后绩效具有促进效应。Haspeslagh 和 Jemison（1991）研究指出，并购后整合程度的选择取决于并购双方之间的相互依赖关系，相互依赖程度越高，整合程度应越高，反之则采取低程度的整合。Puranam 等（2006）研究了整合程度对于技术获取型并购后创新表现的影响，其结论表明当并购的主要动机在于对目标方所拥有的技术进行商业化时，应进行高程度整合；而当并购的主要动机在于获取目标方持续的技术能力时，应进行低程度整合，较能促进技术创新表现。Castaner 和 Karim（2012）提出在并购中，两类不同的经济协同目标（成本缩减和收入增加）对应着不同的整合实施程度，当并购方追求效率提升的时候需要目标方资源的剥离，相反当并购目标是收入提升，或是通过资源共享和资源转移实现成本缩减的时候，并购方需要让目标方员工较多地参与到并购整合决策过程中去，从而促进并购目标的达成。

二 技术获取型海外并购目标方自主性

随着理论的演进，学界逐渐认识到整合的挑战不仅在于并购后通过重新配置、调整、合理化目标方的资源，同时还包括决定给予目标方并购后经营决策自主性的程度（Zaheer et al., 2013）。整合程度和目标方自主性并非统一体的两个对立面，整合程度和自主性的分配在并购整合的决策过程中可以作为两个互相独立分离的决策选择而存在。目标方自主性被定义为并购方给予目标方日常运营权力的自由程度和持续性（Datta and Grant, 1990; Haspeslagh and Jemison, 1991; Zaheer et al., 2013）。给予目标方较大的自主性和采取较深的并购整合程度并不是完全不相容的，两者在某些时刻可能同时发生。比如，即使在整合程度较深的情况下，并购方仍可以留任目标方具有关键作用的个人并给予其决策的自主权。类似地，整合程度较低不一定就意味着目标方能够获得决策的自主权。不考虑整合程度，目标方公司的核心管理层可以被留任，也可以考虑合作或者被并购方组织新的管理层所取代，这可能会影响到目标方公司的自主性。因而，并购后整合活动的实施过程至少包含两个具有不同作用的方面：一个是并购整合程度的选择；另一个是给予目标方自主性的选择。在技术获取型海外并购中，平衡整合与自主性难题是实现技术创新价值的关键因素（Graebner, 2004; Liu and Chen, 2015; Puranam et al., 2006）。

关于目标方自主性对并购后价值创造的效应，学界大致上存在两派不同的观点。根据公司治理和代理权理论的思想，并购的目的之一就在于产生更有竞争力和更有能力的外部管理者，替换能力有所欠缺的目标方先前管理者（Jensen and Meckling, 1976; Fama and Jensen, 1983; Walsh, 1989）。此外，出于至少一部分目标方的冗余资源应该被剥离的考量，许多学者认为并购方不应该给予目标方自主性，相反而是应该对目标方重新架构，对其拥有的资源进行吸收。并购方给予目标方的自主性越多，目标方资源被吸收的就越少（Datta and Grant, 1990）。如果目标方获得自主性，目标方雇员会阻碍并购方对于资源的利用以保护自身的利益和工作（Datta and Grant, 1990; Haspeslagh and Jemison, 1991; Larsson and Finkelstein, 1999）。

另外，资源基础理论强调，并购获取的目标方核心管理层恰恰是具有价值的资源，能够为并购方建立比较优势，因此需要被留任。目标方管理层人员不仅拥有一些优质的个人特征比如经验和技能，在并购后创新中的作用无法被取代（Canella and Hambrick, 1993, Graebner, 2004）；同时，目标方管理层通过协调和缓解工作，肩负起组织间的责任，为并购实施提供支持（Graebner, 2004）。无论并购双方实际的整合程度如何，目标方保留一定自主性的价值总是很重要的，可以避免对目标方雇员的消极影响而引起的非预期的离任（Hambrick and Cannella, 1993; Kapoor and Lim, 2007; Paruchuri et al., 2006）。目标方由于缺少并购后的自主性会破坏已建立的规则和过程（Puranam et al., 2009），这种情况下，给予目标方决策制定自主性具有重要意义，尤其是在目标方给并购方带来不熟悉的新资源时（Haspeslagh and Jemison, 1991; Puranam et al., 2006; Ranft and Lord, 2002）。在技术获取型并购中，赋予目标方自主性有助于保留和增加目标方关键研发人员的生产力（Kapoor and Lim, 2007; Paruchuri er al., 2006; Puranam et al., 2006），同时促进并购双方间知识和技术的共享（Ranft and Lord, 2002）；而整合过程中自主性的丧失不利于技术获取型并购创新表现的实现（Chatterjee et al., 1992;

Very et al.，1997）。Massimo 和 Larissa（2014）提出在技术获取型海外并购中，目标方自主性的保留会显得尤为关键，因为此类并购中涵盖大量以知识为基础的无形资产，与有形资产相比，无形资产更难掌握，在这种情况下观察目标方公司的资产质量和价值是很困难的，当技术环境不确定时，目标公司更迫切地需要获得自主性，从而促使关键技术和人员的存续。

实证方面，大量的研究将目标方自主性与目标方核心管理层的变动或留任联系起来。这些研究认为目标方核心管理层是否留任能够在一定程度上体现目标方获得自主性的程度，并基于此考察其对并购的影响（Walsh，1989；Canella and Hambrick，1993；Buchholtz et al.，2003）。Graebner（2004）通过研究 8 个技术获取型并购后整合实施过程的案例，强调了目标方管理层的作用：目标方的领导层通过为目标方团队提供指导以及维护组织稳定，为并购实施提供支持并且保护目标方公司雇员不受到并购实施的消极影响。无论并购双方实际的整合程度如何，目标方领导层行动的价值总是很重要的，以保证技术的相容性，促进并购双方联合的市场活动。Zollo 和 Singh（2004）的研究表明取代目标方核心管理团队将会消极影响并购后的业绩，特别是目标方公司并购前业绩普通的企业。类似地，Canella 和 Hambrick（1993）发现目标方执行官的离任对并购后业绩有害，特别地，越高排位执行官的离任对并购后业绩的消极影响就越强烈。目标方领导层的留任象征着并购后的稳定状态，可以减轻或阻止并购实施对目标方公司带来的变化、动荡和冲突。总体来说，实证研究发现目标方核心管理层的留任在并购实施中具有积极作用，能够为目标方员工提供稳定的心理状态，同时减少并购后组织变化带来的冲突效应（Graebner，2004；Ullrich et al.，2005）。

三 技术获取型海外并购整合模式

由于并购后整合实施的复杂性，并购战略研究者发展出了一系列并购后整合策略类型学，从战略（Haspeslagh and Jemison，1991；

Angwin and Meadows, 2014)、文化 (Cartwright and Cooper, 1995; Nahavandi and Malekzadeh, 1988; Siehl and Smith, 1990)、心理 (Mirvis and Marks, 2001) 和人力资源 (Napier, 1989) 的角度，提出了四到五种并购后整合的方式，试图通过整合模式的细分来反映企业并购实践。

其中最为著名的是 Haspeslagh 和 Jemison (1991)，他们的理论框架关注整合策略的两个层面：战略相互依赖性和组织自主性。战略相互依赖性，是战略匹配中的核心概念，体现了并购双方在能力转移和资源共享层面上相互依赖的程度；组织自主性，是组织匹配中的核心概念，体现了一个组织的文化被保持或消解的程度。这两个维度形成了一个 2×2 的理论框架，Haspeslagh 和 Jemison 在其中经验性地观察到了三种不同的并购后整合策略，即：(1) 保留 (Preservation)，目标方需要高度的自主性和低度的组织相互依赖性来保持其收益的来源。(2) 吸收 (Absorption)，目标方需要低度的自主性和高度的组织相互依赖性，组织的边界被消解，组织、文化、机构被统一地合并在一个母企业中。(3) 共生 (Symbiotic)，目标方既需要高度的自主性，也需要高度的组织相互依赖性，并购双方都会受到一系列交互关系的影响。理论框架中还提出了第四种并购后整合策略——持有 (Holding)，即给予目标企业较低的自主性和较低的组织相互依赖性，但是没有发现实例。Haspeslagh 和 Jemison 的理论的一个局限在于，单纯地依赖于企业的资源基础观来决定案例数据。仅仅关注于价值创造型的并购，也即相关性并购，他们并没有收集那些不是出于价值创造动因的并购案例（不相关并购）。因此这种分类法只包含了一部分的并购策略，排除了那些不是出于价值创造动因的并购。

另外，Nahavandi 和 Malekzadeh (1988) 的概念模型，由早期 Berry (1983) 的工作发展而来，考察了组织文化在并购后整合阶段是如何调整的，提出了四种整合策略：(1) 分离 (Separation)，将目标方与并购方分开，以保留其文化和惯例的独立性。(2) 同化

(Assimilation)，目标方被完全吸收进并购方的文化和惯例系统，并拥有一致的身份认同，因此不再成为一个独立的个体。(3) 整合（Integration），目标方员工尝试保留自身基本的文化和价值观因子，但是不排斥被整合进并购方的结构。(4) 消亡（Deculturation），并购双方间的文化和心理联系完全不存在。这种分类法的优势在于其关注了并购双方企业员工所经历和感受的异文化压力的程度。这种分类的不足在于其假定异文化压力的程度和整合绩效是负相关的，而忽略了价值可能被捕获或创造的途径。这种方法也没有考虑到组织文化的变迁，将整合某一时点上的组织文化看作一个静态的节点。

还有一种分类法是由 Siehl 和 Smith（1990）提出，主要关注人际关系和冲突，提出了四种整合模式：(1) 掠夺（Pillage and Plunder），或者说资产剥离（asset stripping），目标方企业破碎，只有有价值的资产被保留，其余都被剥离。(2) 一次性（One Night Stand），并购双方最小的整合，只有紧密的财务联系而几乎没有其他关系。(3) 对等或朋友（Courtship/Just Friends），目标方企业是独立的，和并购方维持稳定的工作关系，保持两者之间运作和文化方面的差异。(4) 相爱并结婚（Love and Marriage），并购双方企业完全的组织整合，来创造一个新的、更强的联合体。这种分类法的优势在于以数据为基础，关注整合的情感和道德质量。它关注的是作为决策权的自主性的概念，这一概念在并购理论中非常重要（Buono and Bowditch, 1989; Hayes and Hoag, 1974; Marks, 1982）。它关注管理层保留的重要性，以及其如何随着不同的整合策略而不同。然而它的弱点在于用管理层的去留来推断组织绩效，没有关注到价值如何被创造，捕获和毁灭。

此外，Mirvis 和 Marks（2001）针对并购双方所经历的文化和惯例的变化，提出了五种并购后整合模式：(1) 保留（Preservation），并购方对目标方企业文化和组织惯例进行低度整合，这种情况下并购前后的改变不大。(2) 吸收（Absorption），并购方将目标方企业文化和组织惯例同化和吸取进自身架构。(3) 转化（Transformation），并购方和目标方均对自己的文化和架构实行一定的改变，从而创造一个融合了双方文化的企业。(4) 反向接管（Reverse Takeover），由目标方来实施并引领并购后整合活动，这种情形在现实中较为少见。(5) 双方最优（Best of Both），并购双方对文化进行深度的整合，同时对双方组织架构进行部分或完全的合并，这种情形基本可以称得上是平等的并购。以上分类法是根据并购双方在并购后文化和管理方式的改变程度来进行定义的，但是也存在不足，在于其将文化改变看作一种绩效的结果而没有关注并购整合的价值实际上是如何被创造的。

基于 Haspeslagh 和 Jemison 的经典理论框架，Angwin 和 Meadows (2014) 通过采用不同的研究方法来完善 Haspeslagh 和 Jemison 的理论框架。他们采用聚类分析的方法，将主流的并购后整合策略分类法拓展到其他视角下的理论框架，包括考察并购前财务绩效，以及并购后高级管理人员的保留和解散，并在以往理论基础上识别了新的整合策略。具体地，他们将知识转移程度和自主性程度作为二维指标，识别了五种整合策略，证实了 Haspeslagh 和 Jemison 的理论框架中的三个主要并购后整合策略——吸收（Absorption）、保留（Preservation）和共生（Symbiotic）——的存在，同时也证实了第四种整合策略的存在，即被 Haspeslagh 和 Jemison 命名为"持有"（Holding）的策略，之前仅仅作为猜想提出（Haspeslagh and Jemison, 1991）。Angwin 和 Meadows 的定性数据描绘了这种整合策略的更多特点，包括并购方对目标方采取较低的整合程度，同时施加较强的管制。这种整合模式被重新命名为"集中护理"（Intensive Care）。聚类分析的结果还揭示了另一种不同的整合策略，在先前 Haspeslagh 和 Jemison (1991) 的研究和 Zaheer 等 (2013) 的研究中都未被发现和提及。在这一类并购整合模式中，目标方需要被融合到并购方的组织内部来，但这种改变并不是具有侵略性和独断性的，目标方还是有较强的决策的意见和权利，并且此类并购整合并不会带来并购后目标方公司许多人员的离职。Angwin 和 Meadows 将这种并购后整合策略命名为"再定位"(Reorientation)。"再定位"整合策略从本质上来说区别于其他整合策略,它是一种关于经营状况良好的、财务顺利的目标公司的并购,但是也需要和母公司达成流程惯例以及商业市场上的一致统一。Angwin 和 Meadows(2014)的研究克服了并购管理研究中单一方法的限制,提出了一种稳健的、全面的整合策略分类法。

在先前研究的基础上,Wei 和 Clegg(2014)考察和提出了在高技术行业背景下,跨国并购中并购方对于目标方企业的四种整合策略:(1)能力构建型(Capacity Building),整合的目的在于保留可以增加产品能力的资产,但是对其余的功能进行合理化。(2)能力保留型(Capability Maintenance),整合的目的在于尽可能地保留目标方企业的能力来保证被并购的业务保持盈利能力。(3)研发专注型(R&D Focus),整合的目的在于削减或吸收目标方企业的其他业务而仅保留其研发功能。(4)产品专注型(Product Focus),整合的目的在于尽可能多地移除重复的部分来达成规模经济,因此,并购方对目标方进行合并只保留与产品相关的资源。Wei 和 Clegg(2014)的研究相比于先前的并购整合研究,将并购的行业范围限定在技术获取型跨国并购,基于资源基础观强调了并购中的战略资源,同时定义了相似性和互补性的概念,从而将整合策略的途径选择与资源相似性互补性联系起来,提供了一种并购方如何在技术获取型跨国并购中选择适宜整合途径的深入分析方法。

国内方面对于技术获取型海外并购整合的研究起步相对较晚,更多停留在国内并购层面探讨并购后整合的模式与影响因素。魏江(2002)将企业并购后整合定义为涉及文化重组、业务重建、员工安排、队伍建设等各项管理工作的一系列措施、手段和方法,这些活动由并购方或并购双方共同采取,旨在推进并购进程、提高并购绩效。焦长勇和项保华(2002)从战略并购的整合前提出发,提出了并购整合的三维体系和六种模式，前者包括人事维度、任务维度和整合深度，后者则包括两种强入模式、两种同化模式、一种分立模式和一种新创模式。高良谋（2003）对中国上市公司并购后整合绩效进行了实证研究，总结了影响并购后整合绩效的一些重要因素，包括管理因素、资产因素、结构因素、人员因素等。徐雨森和张宗臣（2002）论述了企业并购活动中的技术整合研究现状及技术平台的相关理论，并进一步探讨了技术整合的几种模式，包括技术平台隔离模式、技术平台融合模式、技术平台促进模式、技术平台替代模式和技术平台拼接模式等。于培友和奚俊芳（2006）将知识转移的理论应用于分析企业技术并购后的整合，提出了技术并购后整合的关键是技术知识的转移。

第二节 技术获取型海外并购资源相似性、互补性与并购整合研究

整合程度和目标方自主性的高低选择对并购后价值创造存在不同影响，使得学界意识到对于并购后整合策略的研究需要充分考虑并购双方的主体特征为前提。战略管理领域的学者们很早就认识到海外并购双方资源关联性正是并购主体的重要特征之一，资源关联性通过高效的并购后整合策略实施来实现潜在的并购价值创造（Capron and Hulland, 1999; Haspeslagh and Jemison, 1991）。

一 海外并购中的资源分类

从资源基础观的角度出发，已有一系列的文献研究讨论了海外并购中的资源（Bowman and Ambrosini, 2000; Das and Teng, 2000; Meyer et al., 2009）。这些文献通常将海外并购双方拥有的资源定义为并购双方企业所拥有的独特的技术（秘密的专有技术和卓越的研发能力）、市场（建立产品属性的技术）和管理（具有价值的组织

文化）能力（Hitt and Ireland, 1985; Snow and Hrebiniak, 1980）。在海外并购的环境下，并购获取的资源对于并购方的竞争优势十分重要，因此和并购中的价值创造密切相关。

通常来说，并购中的资源可以被粗分为五个类别：研发、制造、市场、管理和财务（Capron et al., 1998）。前三个是对于协同效应的实现来说被人们广为所知的（Capron et al., 1998），因此得到了学者们较多的关注（Eschen and Bresser, 2005; Harrison et al., 1991; Larsson and Finkelstein, 1999）。有越来越多的学者对资源进行了分类，关注那些对于并购绩效最具有关键贡献的资源例如研发资源和市场资源（Song et al., 2005; Swaminathan et al., 2008），或者是知识资源（Makri et al., 2010; Tanriverdi and Venkatraman, 2005），将研究进行聚焦。另外，学者们对资源的分类进行了更进一步的细化，例如"知识"被细分为技术知识和科学知识，并且识别了这两者对于并购绩效的不同影响机制（Makri et al., 2010）。

无论怎样对海外并购中的资源进行分类，两个企业所拥有的资源都具有两个最基本的属性：相似性（Rumelt, 1984）以及互补性（Barney, 1986）。现有的文献大多关注这两种资源属性，及其和整合实施、并购绩效之间的关系。

二 技术获取型海外并购中的资源相似性

在战略研究领域中，一个最为基本的，也是常常被讨论的问题是什么类型的并购活动能够为并购方创造价值（Hitt et al., 2001）。一直以来，对于这个问题的通常解释都聚焦于由关联性带来的正效益，这里的关联性常被定义为共同的行业成员关系。战略管理及金融领域的学者对于资源的关联性对并购绩效的影响进行过许多研究（Kaplan and Wiesbach, 1992; Lubatkin, 1987）。这支研究流派的中心思想是，业务相联系的企业在管理模式、企业文化、行政过程等方面有类似之处，使他们能够高效地控制己方的资源、掌握被并购方的业务（Palich et al., 2000; Robins and Wiersema, 1995）。因此，早前研究的主导观点认为，并购企业间的相似性是战略匹配的来源，从而能够提升并购绩效。并购企业双方的资源相似性刻画了两公司分享相似技术、产品、市场或者能力的程度（Chatterjee, 1986; Lubatkin, 1987）。资源相似性是海外并购整合成功的基本来源，可以使并购双方原有资源的整合更有效率，能够较好地实现效率提升型协同，为并购方提供潜在的利润率增长（Larsson and Finkelstein, 1999; Puranam et al., 2006; Zollo and Singh, 2004）。先前关于高技术产业并购的研究表明，并购双方之间的资源相似性是并购后技术创新绩效的重要预测指标（Cloodt et al., 2006; Cassiman et al., 2005; Hagedoorn and Duysters, 2002），相似性能管理促进现有知识的相互理解和分享（Cohen and Levinthal, 1990），共同的技能、共享的语言和相似的认知结构实际上是学习的先决条件（Lane and Lubatkin, 1998）。

在技术并购中，相似的管理风格、组织文化、经营的目标和业务等使得企业能够有效地管理资源和能力，有利于并购中的技术获取（Palich et al., 2000; Park et al., 2009）。因此，一些学者提出资源相似性能够提升技术获取型海外并购中的价值创造。但总体来说，对于资源相似性对并购价值创造的影响，已有研究在实证方面结论并不一致（Capron et al., 2001; Prabhu et al., 2005; Tanriverdi and Venkatraman, 2005）。太多的相似性会减少收购方学习的机会（Ghoshal, 1987; Hitt et al., 1996）。比如，在高技术产业中，并购高度类似或者高度不相关的技术领域的公司后，并购方公司的创新业绩都表现很差；而如果并购技术相似性适中的公司则会带来更高的创新表现。Cassiman 等（2005）发现，并购相似技术的公司，相比互补技术的并购，会更有可能减少研发方面的努力，并且更多地强调发展而不是研究。

三 技术获取型海外并购中的资源互补性

随着理论研究的推进，学者们开始认识到海外并购双方的资源相似性仅体现了资源联系性的一个方面，除此之外，另一个重要方面在于海外并购双方的资源互补性，可能是决定并购整合成功与否的更为重要的因素（Capron et al.，1998；Hitt et al.，2001；Wang and Zajac，2007）。根据资源基础理论的观点，资源互补性的定义是不同种类的资源及能力之间能够相互促进，创造非两者组合在一起不能创造的价值的特性（Helfat and Peteraf，2003）。Kim 和 Finkelstein（2009）将互补性研究放在具有关联性的企业并购环境下，给出定义：若并购双方企业具有不同的资源或能力，这些资源或能力能够被组合在一起创造出并购发生前各自都不能单独创造的潜在价值，则认为并购双方企业之间存在资源互补性。由定义出发，互补性能够从异质的却相互支持的资源中创造新价值，有利于"增长性协同"的实现。沿着这一理论思路，实证研究表明资源互补性确实是并购成功的关键因素之一。正如 Kim 和 Finkelstein（2009）指出的那样，互补性给企业创造了"单一企业所不能独立发展的能力"（又见 Capron et al.，1998；Harrison et al.，1991；King et al.，2008）。此外，Larsson 和 Finkelstein（1999）指出互补性能够推进协同效应的实现，继而增加并购的成功。这些观点的共同点在于，关注"匹配性带来的经济"而非"同样性带来的经济"。

学者们从管理团队的互补性（Krishnan et al.，1997）、技术互补性（Makri et al.，2010）、战略及市场的互补性（Kim and Finkelstein，2009）和产品的互补性（Wang and Zajac，2007）等方面来研究资源互补性。到目前为止的研究表明，资源互补性能够带来增长性协同效应，有利于技术获取型海外并购收益的提升（Jemison and Sitkin，1986；Kim and Finkelstein，2009；Tanriverdi and Venkatraman，2005），当并购前双方技术表现出互补性而非替代性时，创新表现的提高会比较显著（Wang and Zajac，2007）。当合并双方研发部门的知识基础太过相近或太过差异时，不利于并购收益的实现；相反地，当合并双方研发部门的知识基础以互补性特征为主时，有利于并购收益的实现（Ahuja and Katila，2001；Cassiman et al.，2005；Cloodt et al., 2006; Makri et al., 2010)。

以上文献大多将资源相似性或互补性作为资源联系性的某一个方面进行单独研究，将资源相似性和互补性纳入统一框架进行同时研究的成果较少。较有代表性地，Makri 等（2010）识别了高科技并购中知识和技术的相似性、互补性，并且利用医药、化学和电子产业的并购样本对以上两者对于发明业绩的影响进行了实证检验。Zaheer 等（2013）在定义和区分了资源相似性、资源互补性的基础上，对资源相似性、互补性及其交互作用对于并购后整合策略选择的影响进行了较为深入的分析。Chen 和 Wang（2014）考虑了海外并购中资源相似性、互补性对于企业资源整合风险的影响，结论表明，较高的内部资源相似性和外部资源互补性能够促进降低海外并购中的整合风险。理论的推进要求我们对于海外并购中的资源相似性、资源互补性及其交互作用进行更为系统性的考察和研究。

四　资源相似性与并购整合

并购的相似性和互补性自身是不能够产生价值的，除非和恰当的并购整合决策相匹配（Zaheer et al., 2013）。并购实施是一项复杂的活动，关系到并购双方公司资源的合并来实现协同（Datta, 1991）。Haspeslagh 和 Jemison（1991）认为，完成并购必须处理好并购方和目标方之间两个方面的关系：并购后公司为实现协同所需要的战略相互依赖关系以及维持并购前原有价值来源所需要给予目标方的自主性。对战略相互依赖关系的高度需求需要目标公司和并购方进行高程度的整合（Postrel, 2002），而对自主性的高度需求则需要增强目标方管理层的自主性。而以上相互依赖关系和自主性的需求（即整合程度和自主权）是根据目标方和并购方公司资源相似性和互补性的类型和程度决定的（Zaheer et al., 2013）。

现有研究表明当资源之间存在相似性时，通过匹配高程度整合，能够较好地实现效率提升型的协同效应，为并购方提供潜在的收益增长（Larsson and Finkelstein，1999；Puranam et al.，2006；Zollo and Singh，2004）。整合相似的业务，除去冗余的活动或者共享及转移合并后公司的资源能够带来规模经济或者范围经济（Ansoff，1965；Capron，1999；Panzar and Wiling，1997）。当存在相似性时，高度整合是可行的也是必要的，因为并购双方具有相同的知识背景、技能、语言以及认知结构，能够促进知识的共享与相互学习，拥有足够的知识实施整合（Cohen and Levinthal，1990；Kogut and Zander，1992；Makri et al.，2010）；另外，要使相似性的潜在收益得到充分发挥，需要对两个公司的管理架构进行调整调度，让双方相似的资源得以在同样的结构和系统下发挥效用，而这只有在对并购双方进行高度整合的前提下才能做到。只有这样才能保证在价值链的任何部分达到规模经济，进而从并购中获得收益。Massimo and Larissa（2014）研究了技术并购环境下技术相似性与并购后研发重组之间的关系，提出为了消除研发资源的冗余，减少每单位研发产出的投入实现"相似经济"，需要对研发部门进行重新整合，才能实现并购企业研发人员生产力的提高。

此外，现有研究发现并购双方资源相似性高时，应给予目标方较低的自主性（Datta and Grant，1990），这一观点背后的逻辑和效率相关。若目标方与并购方较为相似，赋予目标方自主性不利于相似资源的合理化配置，其原因主要在于当目标方管理者可能会对两个公司合并后带来的改变产生抵触心理，害怕失去现有的权力、威望以及对其所掌控资源的控制（Datta and Grant，1990）。在这种情况下目标方获得的自主性越多，目标方资源被有效吸收的就越少（Datta and Grant，1990）。考虑到当并购双方资源相似性程度较高时，可能有相当一部分目标方的冗余资源需要被剥离和优化重配，因此并购方不应将过高的自主性交于目标方，而是应该对目标方进行重新架构，去除与自身产生冗余和重复的资源。此外，当并购方和目标方具有相似的业务领域，并购方对目标方进行业务经营和管理所需的绝大部分知识都已掌握，此时给予目标方自主性的潜在利益是不确定的（Zaheer et al.，2013）。

五 资源互补性与并购整合

在并购后阶段，与两个不具有互补性特征的企业相比，两个具有互补性特征的企业能够更好地利用潜在的共同点，给整合带来更多可融合的资源和战略（Pablo，1994）。对于资源互补性与整合程度的关系，学界存在不同的观点。一些学者认为，为了获取资源互补性的价值，两个组织需要联合并且协调他们的活动以促进互补的因素产生有效的联合方式（Penrose，1959）。在技术获取型并购中，通过高程度的整合实现组织结构的一致性和系统同质化对于实现互补性的潜在协同价值是必要的（Kapoor and Lim，2007；Paruchuri et al.，2006）。另一些学者则持有不同的观点。资源互补性的价值来自并购双方拥有的技术和资源中能够互为增强价值的差异，在这种情形下，目标方企业的互补性资源的存续显得尤为重要，完全结构统一是不必要的，甚至是有害的（Zaheer et al.，2013）。过高程度的整合，可能造成融合差异性资源的摩擦成本上升。因此，若并购双方资源互补性较强，则并购企业应采取较低的整合程度，促进协同效应的实现（Zaheer et al.，2013）。

在资源互补性为主的技术获取型并购中，并购方对目标方公司实现潜在价值的方式不熟悉，考虑到并购方缺乏与目标方相适应的专门的技术能力，而目标方管理层在特定领域拥有更多的经验，能够抵消并购方公司在特定技术领域的能力不足，因此在并购以资源互补性为主的目标公司时，并购方需要给予目标方管理层适当的决策权（Krishnan et al，1997；Walsh，1989）。资源互补性的价值来自并购双方拥有的技术和资源中能够互为增强价值的差异，为了实现这种差异带来的潜在价值，并购方需要依赖目标方管理者对于互补性知识的理解和掌握，并且促进目标方和并购方联合的意愿，因此并购方偏向于赋予目标公司管理者大量的决策制定的权利（Penrose，1959）。沿着这一思路，后续的实证研究也表明当并购给并购公司带来不熟悉的新元素时，目标公司需要被给予更高的自主性（Haspeslagh and Jemison，1991；Penrose，1959；Puranam et al.，2006；Ranft and Lord，2002）。

  国内方面，从海外并购双方资源联系性角度分析海外并购整合前因的研究较少，仅有少量文献考虑了并购双方相关性与整合实施的关系。项保华和殷瑾（2001）认为，根据并购与被并购公司内部具体情况选择相匹配的并购后整合模式，是实现并购后协同效应与预期经营业绩水平的关键。他们根据并购公司自身组织文化的强弱以及并购双方经营业务领域相关性强弱这两个维度，划分了与公司内部情况相宜的四种公司并购后整合模式。李广明（2006）采用案例分析法，从纵向、横向、时间、空间共四个维度系统研究了中国制造企业跨国并购后的整合内容与模式，并提出中国企业应正确分析研究并购双方的资源特征，充分考虑组织文化差异、民族文化差异，正确选择适合自身企业的并购后资源整合模式。王晓杰（2009）认为，并购后知识整合的目标是对并购双方的知识进行有效整合以实现协同效应，对我国企业海外并购后知识整合的过程进行了分析，并将这一过程划分为三个阶段，并提出并购双方文化方面的差异、组织制度的相似性等将在很大程度上决定整合效果。王寅（2013）研究了资源相似性和互补性对技术获取型海外并购整合收益的摩擦效应和协同效应，在此基础上提出了资源联系性和整合策略的匹配，以最大化技术获取型海外并购的整合收益。钟芳芳（2015）探讨了资源相似性、资源互补性、整合程度、目标方自主性等因素对于技术获取型海外并购企业技术创新的影响，提出了技术获取型海外并购整合与技术创新的理论，分析了不同资源相似性、互补性情形下应与之匹配的最优并购整合策略。

第三节 技术获取型海外并购制度距离与并购整合研究

基于企业的资源基础观出发，前述学者研究了技术获取型海外并购双方资源相似性、互补性对于并购整合策略选择的影响。而基于制度理论（North，1990），在并购后管理领域，另一些学者提出海外并购双方所在国之间的制度因素与制度距离也是影响海外并购实施和管理的一个重要因素（Demirbag et al.，2007；Dikova et al.，2010），但这一分支的研究目前仍然偏于薄弱，具有较大的拓展空间（Dikova & Witteloostuijn，2007）。

一 技术获取型海外并购中的制度因素和制度距离

在海外并购领域，制度理论首先是作为解释基于所有权的外国市场进入模式选择的一个方法涌现出来的（Davis et al.，2000；Delios and Beamish，1999；Lu，2002；Meyer，2001）。制度理论的重点在于考察母国和东道国之间不同的广义制度环境及其对于跨国公司进入模式和战略的影响（Meyer，2001）。由于制度提供了海外并购交易发生的环境，因而基于制度理论的研究常常被整合进基于交易成本理论的研究中同时被考察（Demirbag and Weir，2006；Tatoglu et al.，2003；Delios and Beamish，1999）。在新兴市场的经济环境中，制度和制度因素是特别重要的，因为制度的不完善性提升了海外交易的成本和风险水平（Child et al.，2003；Meyer and Peng，2005；Uhlenbruck，2004）。基于这一逻辑，渐渐地有研究开始转向东道国制度因素与跨国企业的生存之间的关系（Dhanaraj and Beamish，2004），以及东道国制度因素与跨国公司并购管理决策之间的关系（Brouthers，2002）。

学者们将制度定义为给定社会的游戏规则，它界定和造就了人际交互的正式及非正式的约束（North，1990）。制度环境由三大支柱——规制性支柱、规范性支柱和认知性支柱构成（Scott，1995）。规制性支柱主要指的是存在于一个社会中的用以保障社会稳定性、社会透明性和社会制度规则和法律。规范性支柱更多地存在于社会价值领域，会影响包括文化、语言、社会规范在内的多个层面。这一支柱对外来者来说是很难解释和说明的。认知性支柱则代表了社会中被公认的认知结构。在制度环境的这三大支柱中，规范性支柱和认知性支柱在含义上更贴近于文化，而规制性支柱描摹了与文化无关的独特的国家制度环境（Kostova，1999）。因此，也有学者将制度划分为正式制度（一个给定社会中的条例和法律）和非正式的制度（社会中文化、语言、社会规范的隐性价值）（Dikova et al.，2010）。非正式制度具有文化背景的特征，描述了基于信任、合作、认同、协调的行为模式（Whitley，1999）。而相对的，正式制度则被显性地装载于政治条例、法律法规、经济事件中（Peng，2000）。无论是正式的还是非正式的，制度在一个社会或者国家中决定了经济、政治和社会关系（Cui and Jiang，2012；Reis et al.，2014）。

不同国家拥有迥异的制度体系，国家与国家之间的制度差距会对企业的海外经营活动产生很大的影响（Peng et al.，2008）。在相似的制度环境下，组织通常会采取相似的行为；而一旦跨越国界面对不同的制度环境，组织的行为将会受到制度因素的深远影响。在影响跨国界组织行为的国家层面因素中，制度环境比文化环境更能表征国家层面因素的特点（Kostova，1999）。基于此，Kostova（1999）认为，国家之间制度环境的差距可以代表国家之间的差距，并定义"制度距离"这一概念为母国与东道国之间制度环境的差异，并可以进一步根据 Scott（1995）的制度三支柱理论细化为国家与国家之间在规制性制度、规范性制度和认知性制度三个方面的制度环境的差异。Chan 等（2008）则将跨国并购中的制度距离划分为经济制度、政治制度和社会制度三个维度来考察，因为经济、政治和社会制度是影响企业海外经营有效性的最重要因素（Chan et al.，

2008；North，1990）。在技术获取型海外并购中，制度距离的重要性显得尤为突出，因为它可能放大技术并购所涉及的各方面的风险（Elango et al.，2013）。在技术获取型海外并购中，并购方除了要处理其组织边界内评估和整合被扩展了的技术所带来的复杂性，还要处理好自身组织边界以外的制度环境差异带来的外部不确定性。

二 制度距离与并购整合

学者们基于制度距离的视角对跨国公司在海外的经营活动，特别是海外并购后整合阶段的活动进行了多方面的研究，并已取得了初步的研究成果。

一些学者研究了制度距离与海外并购后整合阶段的知识转移之间的关系。制度距离概念的奠基者 Kostova（1999）将制度距离作为解释变量，研究了美国海外投资公司转移质量管理行为的问题，发现母公司是否能够将把其质量管理行为成功转移到海外子公司在很大程度上取决于母国与东道国之间的制度距离。Kostova 和 Roth（2002）同样以制度距离为解释变量，考察了母公司向海外子公司转移组织行为的成功率，以及子公司员工对母公司组织行为的认可程度，结果表明制度距离越大，组织行为转移成功率就越低，并且海外子公司员工对母公司组织行为认可程度也越低。Jensen 和 Szulanski（2004）研究了制度距离与海外子公司员工知识接受意愿以及知识转移难度之间的关系，结果表明制度距离越大，子公司员工的接受意愿越差，同时知识转移难度越大。

另一些学者研究了制度距离与海外并购整合管理战略之间的关系。Elango 等（2013）认为，技术并购双方的制度距离会使得技术、组织惯例和其他资源在组织间的传播更为困难，使并购整合过程更为缓慢，增加整合的复杂性。Demirbag 等（2007）认为，在面临海外并购制度差异时，为了更好地保护内嵌在目标方中的资源，并购方会更倾向于给予目标方更大的自主权；而与之恰恰相反的是，Contractor 等（2014）认为，当并购方感知到其母国与新兴市场上的东道国之间存在较高的制度距离时，他们更可能会选择给予目标方较低的自主权来保证对目标方资产和机构更高程度的控制，因为这样做能够使得并购方企业更加顺利地实施预想中的组织改变和整合策略，帮助缓和由于制度差异引起的各种不确定性从而获得协同效应来取得长期的经济效益。除了作为解释变量，也有更多的理论与实证文献将制度距离作为调节变量研究其作用。例如，Schwens 等（2011）提出，母国和东道国之间的正式与非正式制度距离能够调节海外并购企业国际化经验、专有化技术、国际化活动的战略重要性与其并购后整合模式选择之间的关系。Chao 和 Kumar（2010）则研究了东道国和母国之间规制性距离、规范性距离对企业国际多元化与其并购整合绩效之间关系的调节作用。

国内方面，学者们的研究主要集中在制度距离对海外投资进入战略选择的影响方面，而对制度距离于海外并购整合之间的关系研究相对较少。张建红和周朝鸿（2010）以海外收购为例，考察了制度因素在中国企业"走出去"过程中的影响作用。他们的研究表明，制度因素不仅能够直接影响企业国际化战略的顺利实施如海外并购成功的概率，而且会对影响企业国际化战略实施的其他因素如产业保护和收购经验产生显著的调节作用，从而能够间接地影响企业国际化的绩效。陈怀超和范建红（2014）考察了制度距离对跨国公司进入战略的影响，研究结果表明，制度距离越远，中国跨国公司越可能选择并购而非绿地投资；越可能选择合资而非独资。此外制度距离远时，中国跨国公司选择并购相对于绿地的国际化绩效更高，选择合资相对于独资的国际化绩效更高。周经和刘厚俊（2015）研究了制度距离对跨国企业对外投资模式选择的影响。结果发现，母国与东道国之间非正式制度距离与中国投资者选择新建投资模式之间具有一种倒"U"形的关系。吴展鹏（2013）通过研究认为，并购双方间的制度距离导致了在整合过程中关键利益群体的合法性冲突，而不同程度的合法性冲突又会进一步导致不同的并购整合绩效。沈征宇（2015）研究了企业资源能力、制度距离与并购后整合的关系，其研究结果表明，资源能力通过并购后整合行为的中介作用对整合绩效产生影响，同时制度距离对资源能力与并购后整合行为之间关系具有调节作用。

第四节 技术获取型海外并购整合与并购协同效应研究

一 并购中的协同效应

Ansoff（1965）首次提出了并购协同的含义，将之定义为并购后的公司整体业绩优于两个单独公司先前业绩总和的现象。他将并购协同划分为四类：管理协同、销售协同、运营协同和投资协同，这四个协同效应可以为正也可以为负。传统观点的并购协同效应更多地偏向于财务方面的协同。Jemison（1988）将并购协同价值的实现定义为并购企业的实际净利润（成本缩减与收入增强等），由两个企业的整合所创造。Mirvis 和 Marks（1992）认为，财务协同包括整体成本的缩减以及税收方面的收益。大量的研究指出，除了财务的协同，并购还能带来多方面的非财务的协同。产品协同可以通过规模经济的实现、购买力的增加、无效率产品线的消除或向更有效率的工厂配置来实现（Kitching, 1967）。技术协同可以通过技术产品或技术流程的转移来实现，市场协同则通过销售力量的合并，以及互补性产品线的分销渠道的合并来实现（Kitching, 1967; Salter and Weinhold, 1979）。另外，协同通过消除冗余的组织功能，或通过提升的人力资源管理来促进雇员的创造性，这被称作组织协同（Kitching, 1967）。综合考虑协同效应的分类法，Chatterjee（1986）将并购协同效应分为经营协同效应、合谋协同效应和财务协同效应三类。Weston 等（1990）认为，并购协同效应主要体现在一个公司通过并购实现的效率改进方面，具体可以分为经营协同、管理协同和财务协同。Larsson 和 Finkelstein（1999）把协同效应与并购结合在一起来分析，认为并购所产生的协同效应可按来源划分为市场力量协同、经营协同、管理协同和财务协同四类。Osegowitsch（2001）认为，并购协同效应指的是具有关联性的业务之间通过有形和无形资源共享获得的企业价值增加。

实证方面，研究的重点在于并购后协同效应的实现与否。一类观点认为并购能够创造协同效应。Bradley 等（1988）采用 1963—1984 年企业并购数据，采用总财富的变化额来考察企业并购后协同效应实现情况，发现合并企业的绩效结果在每个时期都为正，协同收益在几十年中是相对稳定的。Berkovitch 和 Narayanan（1993）的实证研究得到了类似的结论，即并购大多数情况下能够创造正收益，获取协同效应和价值创造已经成为并购活动发生主要的推动因素。Schwert（1996）采用并购为并购方公司带来的现金流收益来计算协同效应，其实证研究结果表明并购方能够通过并购改善自身现金流收益，因而证实了并购存在协同效应。Mulherin 等（2000）以 1305 家公司的并购活动为研究对象，通过实证研究证实了并购通过协同效应获得正财富收益。另一类研究则未能从实证数据中检出并购的协同效应。Ravenscraft 和 Scherer（1987）采用 1950—1977 年企业并购数据，对目标公司在并购前后的业绩变化进行实证检验，发现并购没能实现预期协同，但能够使公司内部实现结构性调整。Slusky 和 Caves（1991）通过对 100 起近期并购样本的考察，未能从中发现协同效应的存在。

二 并购协同影响因素

目前，学界对于并购是否一定能够形成协同效应尚无一致的定论，于是更多研究开始着眼于探究在何种情况下、何种因素能够影响企业并购协同价值创造。在现有的文献中，研究者们主要从战略管理、财务学、过程学等方面提出了影响并购协同价值实现的各种因素。

战略管理领域的学者着重研究了并购协同价值的创造机制，认为并购双方之间的资源联系性是决定并购协同潜力高低的一个重要预测因素（Meyer and Altenborg, 2008; Larsson and Finkelstein, 1999; Lubatkin, 1987）。Singh 和 Montgomery（1987）的研究表明，具有关联性的并购能够同时获取运营、财务、共谋三个方面的协同效应，而不具有关联性的并购通常仅能获取财务单个方面的协同效应，据此推论关联性并购能够创造比非关联性更高的协同价值。Seth（1990）强调了理解如何实现技术并购协同效应的重要性，并且提出驱使实现技术并购中潜在的协同效应的一个重要因素是并购双方是否是战略上契合的，这由并购双方的关联性决定。

财务领域的学者则认为并购过程中，并购事件自身的特征和并购双方主体的特征均是影响并购协同价值的重要因素。Datta 等（1992）考察了以并购股东财富创造为表征的并购协同效应的若干关键影响因素，发现当并购交易方式为股票支付以及并购时存在竞争者时，主并公司的股东财富创造较为低下，而监管制度的变化和采用要约收购与目标公司的股东财富正相关。King 等（2004）在其基础上进一步阐明了并购方公司多元化、并购双方公司行业关联度、并购支付方式以及管理者先前并购经验等因素对并购后协同价值创造的影响。

虽然以上几个领域的研究分别归纳了一些因素对并购中协同价值的实现进行了解释，但也有一些研究认为仅考虑一方面的因素并不能很好地解释并购价值创造。Larsson 和 Finkelstein（1999）整合战略管理、财务学、组织行为和人力资源管理等多学科的研究成果，提出了一个影响并购价值创造因素的理论模型，考虑了并购双方业务的相关性和互补性、组织整合过程中相互作用和协调的程度、员工对并购抵制程度与并购协同效应之间的关系。Shelton（2000）认为，并购方和目标方并购后收益实现的关键因素在于目标方公司股份的需求和供给；而并购方式、战略匹配性、机构投资者、并购周期、并购相对规模等会通过影响供给关系进而影响并购方和目标方公司股东收益。Papadakis（2005）研究得出影响并购协同效应

(以并购后绩效为被解释变量)的主要因素包括公司外部环境、并购自身特征、并购方公司特征和并购中的人力资源整合等。到目前为止,考虑多因素综合作用的并购协同效应影响研究还相对较少。

实证方面,学者们围绕并购协同效应的影响因素展开了一系列的研究。Singh 和 Montgomery (1987) 采用 1975—1980 年并购事件为样本进行实证研究,发现在技术、市场或产品等方面具有相关性的并购比不具有相关性的并购取得的协同效应更高。Chatterjee (1986) 以 1969—1972 年美国 157 起并购事件为样本进行实证研究,发现共谋协同效应的经济价值最高,其次是财务协同效应,最后是经营协同效应。Maquieira 等 (1995) 检验了 1963—1996 年的 260 个上市公司股票兼并案例,发现跨行业的股票兼并并不能够创造财务协同价值,而非多元化兼并则能够带来显著的净协同收益。

三 技术获取型海外并购整合与并购协同效应

以上理论主要从战略角度去定义和检验并购协同效应,而资源理论则把企业看作是由各种资源构成的整体,认为并购为并购方有效控制、优化配置双方资源提供了途径,从而使得合并后企业有机会提高资源利用率和经营绩效,进一步提高各种资源协同作用的收益 (Bradley et al., 1988)。基于这一思想,以过程学派为代表的理论流派把并购协同效应研究的重点聚焦于并购后的整合过程,指出并购协同效应主要来自并购后的整合,因此为了实现潜在协同,必须关注并购后资源整合的策略及其影响 (Haspeslagh and Jemison, 1991)。并购的协同潜力需要通过并购双方及研发机构的重组重建决定来实现 (Capron et al., 2001; Karim and Mitchell, 2000),从关联性的并购中获取协同效应要求并购双方间整合和资源共享的进行 (Markides and Williamson, 1996; Porter, 1987; Salter and Weinhold, 1979)。并购的动机是通过降低平均成本或者提高收入,一些行为能够促使这种协同性得以实现,例如更有效地利用生产能力 (Seth,

1990；Singh and Montgomery，1987），运营主体间共享知识（Morck and Yeung，2002）。为了实现这些目标，产品必须合理化并且很有可能被重新定位，系统必须能够共享知识或者督促工人，品牌战略和营销力度必须与被合并主体相协调。因此，整合活动是并购实现协同效应的关键因素（Jemison and Sitkin，1986；Pablo，1994；Zollo and Singh，2004），无论是财务还是非财务的协同效应，总是需要通过一定程度的资源或技术的共享来达成（Markides and Williamson，1996；Porter，1987）。

这一领域的文献从并购后的整合行为及整合策略出发，对并购中的协同效应的来源和阻碍因素进行了识别：Buzzell 和 Gale（1987）提出，并购协同创造价值的方式可以从并购双方企业的合并和互动中实现，大致分为企业的相似性、对资源或业务行为的共享、销售和研发的拓展、企业形象的共享四种，并提出并购双方企业通过共享资源和技术以达到规模经济，通过共享并购双方间的相似性来持续获得协同效应。Harrison 等（1991）指出，并购协同效应通常意味着并购企业从两种资源和途径中所获得的累计收益：（1）通过规模经济和范围经济提高经营效率。（2）技术转移，并且提出了协同效应只有在并购企业与目标企业具有差异性的条件下才能产生。Bruner（2001）提出，并购价值创造的主要驱动力在于并购双方通过资源、知识、技术、管理能力的共享和转移来获得协同效应，实现"2 + 2 = 5"的效果。Jemison 和 Sitkin（1986）指出，并购双方的雇员对于组织架构的改变，以及必须适应新的规则和文化的抵触心理会阻碍并购协同的实现，而这种抵触在并购后的整合实施阶段特别明显。特别地，当员工被给予决策制定权的程度较低时，他们将会感觉受到更大的控制和压力，会加剧抵制和排斥的行为（Cartwright and Cooper，1993；Lubatkin，1983）。Kapoor 和 Lim（2007）的研究表明，并购企业获得协同的关键在于缓减并购整合过程对于目标方造成的冲击，保留研发人员的生产力和生产积极性。

国内方面对于并购协同效应的研究主要沿着对并购协同效应存

在性的实证检验，以及对并购协同效应影响因素的实证检验两个方向展开。在第一个方向，李善民和陈玉罡（2002）针对中国证券市场上共 349 起并购事件，采用事件研究法进行了实证研究，发现并购能够为并购公司的股东带来显著的财富增加，但是并不能够为目标公司股东带来显著的财富增加。唐建新和贺虹（2005）采用 1999—2002 年中国上市公司并购事件为样本，基于财务指标对并购协同效应进行分析和评价，证实了并购产生的协同效应从长期来看是消极的。张瑞稳和冯杰（2007）采用 2005 年中国 86 家上市公司并购事件为样本进行研究，实证分析的结果表明并购无法为我国上市公司带来预想协同效应。分行业、交易类型的对比分析表明，对于不同行业的并购，协同效应的差异亦不明显。

在第二个方向，李善民等（2004）采用 1999—2001 年 84 家中国上市公司并购事件数据，基于经营现金流量总资产收益率对并购协同效应进行评价，并实证检验了并购协同效应的影响因素。研究结果识别了行业相关性、交易溢价、收购比例、相对规模、第一大股东持股比例等影响并购协同的主要因素。周小春和李善民（2008）综合财务学、战略管理、组织行为学和并购后整合领域的相关理论构建理论模型，并采用 63 家上市公司并购交易为样本，对影响并购协同价值创造的因素进行了实证研究，提出影响我国上市公司并购协同价值创造的因素主要有员工抵制程度、资源整合程度、支付方式和收购比例，并且并购协同的影响因素间存在相互影响。陈晨（2011）选取 2006—2009 年中国上市公司并购事件为样本，利用并购公司和目标公司的财务数据评估并购协同效应。在此基础上考虑了并购协同效应影响因素如股权结构，并购双方战略相关性，支付方式，并购方先前经营绩效等。唐兵、田留文和曹锦周（2012）采用案例法对并购协同价值创造的复杂过程及影响因素作了深入考察，构建了一个并购协同价值创造框架体系，其研究结果表明并购协同效应实现来自并购前的充分准备、合理交易和有效整合三个方面，并通过其内在的非线性关系影响决定并购协同效应。

第五节　现有文献评述

纵观对现有中外文献的回顾，我们可以总结在海外并购整合研究领域，前人已完成的工作主要有：

第一，学界已对海外并购后整合的重要性达成了共识，已有的研究认识到整合决策不仅涉及整合程度的选择，还包括目标方自主性选择等其他维度，随着理论研究的推进，对于海外并购整合的内涵不断丰富，并由此发展出了并购整合的多种模式。Bauer 和 Matzler（2014）、Larsson 和 Lubatkin（1999）、Zaheer 等（2013）、Zollo 和 Singh（2004）等几篇代表性的文献对于整合程度和目标方自主性程度的不同高低选择带来的结果进行了具体分析，概括而言，整合程度和目标方自主性的选择对于并购价值创造是有利有弊的，整合实施需要恰当平衡整合带来的收益效应和摩擦效应这一对矛盾。

第二，学界已针对并购后整合策略选择的前因展开了研究，已有的研究注意到了整合程度和目标方自主性的选择需要充分考虑并购双方的主体特征，在其中并购双方的资源联系性（资源相似性、资源互补性）是一个主要的研究切入点。资源相似性为海外并购整合的成功提供了基本来源，可以使并购双方更有效率地将原有资源整合到并购后的新业务中，能够较好地实现效率提升为主的协同。资源互补性则能够从不同的、相互支持的资源中创造新价值，通过整合提升以收益增长为主的协同。Datta 和 Grant（1990）、Haspeslagh 和 Jemison（1991）、Massimo 和 Larissa（2014）、Zaheer 等（2013）等研究表明了资源相似性、互补性与整合程度或目标方自主性的匹配关系，为这一领域未来的研究奠定了基石。

第三，学界已针对并购后整合策略选择对于实现海外并购协同效应的影响展开了研究，指出并购协同效应需要通过并购双方业务组织及研发机构的重组整合来实现。较为典型地，Ansoff（1965）、Capron（1999）、Harrison 等（1991）、Jemison 和 Sitkin（1986）、Kapoor 和 Lim（2007）、Paruchuri 等（2006）、Puranam 等（2009）、Ranft 和 Lord（2002）等文献从并购后的整合行为及整合策略出发，对并购企业协同效应的来源和阻碍因素进行了识别，包括通过整合以实现规模经济和范围经济提高经营效率促进协同、通过整合带来的技术转移实现资源的共享等。

第四，学界基于制度距离的视角对跨国公司在海外的经营活动，特别是海外并购后整合阶段的活动进行了研究，并已取得了初步的研究成果。Jensen 和 Szulanski（2004）、Kostova（1999）、Kostova 和 Roth（2002）等文献研究了制度距离与海外并购后整合阶段的知识转移之间的关系，Chao 和 Kumar（2010）、Contractor 等（2014）、Demirbag 等（2007）、Elango 等（2013）、Schwens 等（2011）文献则研究了制度距离与海外并购整合管理战略之间的关系。但目前这一领域的研究相对零散和薄弱，与基于资源基础理论的并购整合研究相比，基于制度理论的并购整合研究目前容易被忽视（Dikova and Witteloostuijn, 2007），仍然亟待进展。

第六节　研究空间分析

已有的研究成果围绕技术获取型海外并购整合与目标方自主性这一主题，关注资源相似性与互补性、制度距离在决定并购后整合策略、实现技术获取型海外并购协同价值中的重要作用，为本研究的开展进行了很好的铺垫。经过梳理，相关研究在以下几个方面有待进一步的深入：

第一，现有的研究大多将整合程度和目标方自主性视作统一体的两个对立面，其中关注整合程度的研究较多而对于目标方自主性的研究较为匮乏，将整合程度与目标方自主性纳入统一框架内进行研究的文献更是寥寥，只有极少数的研究同时考察了并购整合行为的这两个方面。

第二，现有的研究已开始注意到了资源相似性、互补性是决定技术获取型海外并购整合实施的关键因素，但基于并购双方资源联系性的并购整合策略选择研究仍未形成一个完善的框架。已有文献大多单独地考察资源相似性、资源互补性，而对两者交互作用的研究较少。

第三，现有关于整合策略对并购协同效应影响的理论研究仍属基础性的探讨，其内在机制研究仍然较为薄弱，有待细化。未来研究应进一步区分整合程度与目标方自主性对于并购协同效应的不同影响，深入探究整合程度、目标方自主性通过何种传导机制作用于技术获取型海外并购协同效应，从而打开并购整合与并购创造协同价值之间的黑箱。

第四，现有研究对于基于并购双方资源联系性的并购整合策略选择，以及整合策略对于技术获取型海外并购协同效应的进一步影响仍属两块割裂的研究，未能形成一条考虑三者之间关系的连贯的逻辑链条。脱离了并购价值创造或者说协同效应这一最终目的而仅讨论资源联系性与整合策略之间的关系，正如无根之木、无源之水，得到的结论难免有失全面，需要构建技术获取型海外并购双方资源联系性、整合策略、并购协同效应三者之间关系的综合理论和模型。

第五，现有研究开始关注到了制度距离与海外并购整合战略之间的关系，但目前的研究仍较为零散。制度理论和资源理论均为战略管理领域中的经典理论，两者并不互相背离；然而在现有海外并购整合领域的研究中，通常只从单一理论视角出发研究问题，没有很好地将基于制度的理论和基于资源基础观的理论有机地结合在一起，这不得不说是目前研究中的一个缺失。

第六，我国学者对并购整合的研究还处于初期阶段，对于海外并购整合影响因素、模式和策略方面仍未形成较系统性的研究框架。而国外的前沿研究主要是以发达国家为研究对象，而鲜有以中国等发展中国家的技术获取型海外并购为研究对象，因此基于我国企业技术获取型海外并购的特征研究并购后阶段的整合与目标方自主性，具有较大空间。

在先前文献的基础上，本研究的主要创新以及对于现有理论的可能贡献在于：一是本研究将海外并购整合实施的两个方面——整合程度与目标方自主性纳入统一框架，并且阐述和区分了两者在技术获取型海外并购整合阶段的不同作用，这在先前研究中还未有系统性的探讨。二是本研究进一步以实现并购后协同效应最大化为目标，探讨了技术获取型海外并购后整合程度、目标方自主性程度与并购双方资源相似性互补性强弱特征的匹配，从而构建了技术获取型海外并购双方资源联系性、整合策略、并购协同效应三者之间关系的综合性分析框架，建立一个更为全面的理论和模型。三是本研究特别关注了海外并购不同于一般国内并购的制度因素，考察海外并购双方制度距离高低对于上述资源联系性与整合策略之间匹配模式有效性的影响，从而将制度理论视角与资源理论视角有机结合在一起，对以往单一视角下的海外并购整合研究形成了有益的补充。四是本书综合采用数理模型、动态仿真、中外对比实证研究等多种方法论验证和支撑本书的理论假设，对以往定性的、静态的理论研究形成了适当的、必要的补充，得到对于企业技术获取型海外并购具有借鉴价值的结论和启示。

第 三 章

技术获取型海外并购整合与目标方自主性的机理研究与假设提出

本书围绕技术获取型海外并购整合与目标方自主性这一研究对象，拟解决以下两个核心问题：第一，应如何选择与技术获取型海外并购双方资源特征相匹配的整合程度与目标方自主性决策，方能实现并购后协同效应的最大化？第二，并购双方所在国之间制度距离高低是否会对上述资源联系性与整合策略之间的匹配模式的有效性造成影响？在下面的第一至第三小节中，我们将对以上两个问题进行理论研究，并提出本书的核心假设。

第一节 技术获取型海外并购中的整合程度与目标自主性

先前的研究经验已经提示我们，并购协同收益是孕育在并购过程之中的，在并购后需要进行高效的整合，才能达成并购的成功。然而整合程度与目标方自主性的选择是有利有弊的，因为整合程度与目标方自主性对于并购后协同效应的实现既具有正面促进效应，同时也具有负面损害效应，因此，我们研究的焦点就落在了应如何选择与并购双方资源特征相匹配的整合程度与目标方自主性策略，方能在不同的情形下发挥整合程度与目标方自主性的积极作用、规避整合程度与目标方自主性的消极作用，从而实现并购后协同效应的最大化。因此，在本节中，我们将首先对整合程度与目标方自主性这两个概念进行界定，并详细地分析阐述在技术获取型海外并购后阶段，整合程度与目标自主性选择对于并购协同价值创造的积极和消极影响效应，从而为下一节研究在技术获取型海外并购中应如何选择与并购双方资源特征相匹配的整合程度与目标方自主性决策来实现并购后协同效应的最大化进行理论铺垫。

一 技术获取型海外并购整合程度

在本书中，技术获取型海外并购整合程度被定义为在技术获取型海外并购发生后，并购双方在组织、管理、运营、生产和文化等方面进行结构性的统一以及资源的重新配置程度。

在并购领域的文献中，Ansoff（1965）首次提出了并购协同的含义，将之定义为并购后的公司整体业绩优于两个单独公司先前业绩总和的现象。Jemison（1988）将并购协同效应定义为并购企业的实际净利润（成本缩减与收入增强等），由两个企业的整合所创造。Mirvis 和 Marks（1992）认为，并购协同包括整体成本的缩减以及税收方面的收益。除了财务的协同，并购还能带来多方面的非财务的协同，包括产品协同、技术协同、组织协同等（Kitching，1967；Salter and Weinhold，1979）。本书定义并购协同效应的内涵为：并购方企业在并购目标方企业后，通过资源的整合和重新配置活动获得的整体收益，包括财务层面的协同和非财务层面的协同两个方面。

技术获取型海外并购整合程度对并购协同效应产生影响的作用机制主要包括以下三条：

第一，通过技术转移实现有效的知识共享。跨国公司和跨国并购研究的学者们认为并购后整合是并购双方不同的组织单元间知识和技术转移和资源共享的一个重要的预测因素（Hedlund，1986；

Bartlett and Ghoshal, 1989; Nahapiet and Ghoshal, 1998; Kostova, 1999)。在海外并购中，结构性整合能够提供较好的协作机制，使并购双方间知识流动和技术转移更具有效率（Pablo, 1994, Ranft and Lord, 2002; Schweitzer, 2005; Puranam et al., 2006; Puranam et al., 2009)。并购整合意味着并购双方企业组织架构和各类资源的统一化，除了通过文件、规章、备忘录等书面形式传递可编码的显性知识，并购后整合过程也为并购双方企业提供了频繁交流的机会，丰富的沟通过程，面对面的信息分享，有利于技术获取型海外并购中蕴含的隐性、嵌入知识在并购双方企业之间的转移，并且使并购后的企业能够发展出可持续的竞争优势，技术与知识的转移效率和效果直接决定了技术获取型海外并购协同价值的实现。

第二，通过资源的优化配置提高经营效率。并购后，企业的经营管理者需要在资源整合阶段对并购获取的资源按照并购企业发展的目标和需求进行统筹和合理安排，在这一资源优化配置的过程中，能够产生潜在的规模经济。根据经济学上的定义，由于生产专业化水平的提高等原因，使企业的单位成本逐渐下降，从而形成企业长期平均成本随着产量的增加而减少的现象称为规模经济。企业通过技术获取型海外并购获得特定的资源、能力和产品，通过并购后整合活动在更多的产出上分摊固定费用以及通过消除生产相同的产出中共同的投入实现规模经济（Cassiman et al., 2005），此类整合和重组活动包括减少人员、消减冗余设备、终止重复的工程以及关闭功能类同的部门，等等。

第三，带来冲突和整合成本。并购后整合也有不利的一面，高程度的整合带来更多的动荡和整合成本（Pablo, 1994; Teerikangas and Very, 2006)。高程度整合带来的经营和控制的变化通常会受到目标方企业的抵制，将目标方融合进并购方的运营和管理系统很有可能会增加异文化的压力，带来目标方的员工敌意、怨恨和不信任的感受，进而导致矛盾和摩擦（Buono and Bowditch, 1989; Hambrick and Cannella, 1993; Very et al., 1997)。整合涉及组织过程和目标方企业程序的重塑、分解甚至破坏，这些变化和目标方企业既有的组织路径、制度程序、社会关系、组织氛围形成冲突，使员工产生抵触心理，难以适应和转变。此外，从经济意义上考虑，高程度的整合导致并购后目标方企业高程度的变革，涉及较多不同系统部门的协调费用即整合成本，例如人力资源、信息系统交流、会计审计以及剥离冗余业务的成本等，也是技术获取型海外并购整合实施过程中需要考虑的重要问题。

二 技术获取型海外并购目标方自主性

在本书中，技术获取型海外并购目标方自主性被定义为在技术获取型海外并购发生后，并购方给予目标方日常经营管理与决策的自由程度和权力大小，这种自由和权力不受到并购方过多的管制和约束。

技术获取型海外并购目标方自主性对并购协同效应产生影响的作用机制主要包括以下三条：

第一，保护研发人员的生产力和生产积极性。在技术获取型海外并购中，掌握核心技术的人力资本是并购的主要战略目标之一，然而当失去自主权后，技术和研发人员往往会由于社会地位的降低以及对其职业生涯前景的不确定性导致这些个体的动机被削弱且出现消极怠工，严重的还会导致这些人员的离职（Krug and Aguilera, 2005; Lubatkin et al., 1999; Siehl and Smith, 1990）。其他的一些研究则显示当失去自主性后，并购后的研发人员创新速度出现下降（Paruchuri et al., 2006）。因此，在决定技术获取型海外并购后整合策略时关键的一点在于应该考虑目标方企业对自主性的需要以避免对目标方研发人员的消极影响，避免非预期的离任。给予掌握重要能力的目标方研发人员自主权是很必要的，这能保证目标方先前主导领域的研发探索活动不会被随意削弱或减少，原有的创新能力和资源不被破坏，从而保护目标方研发人员的生产力；同时，给予目标方研发人员自主性能够使他们避免出现丧失地位、被边缘化等负面的心理感受，增强他们在并购后企业环境下工作的满意度，从而留住这些研发人员，同时能够激励他们为实现并购目标而努力。

第二，保证关键资源和已建立路径的存续。并购后整合成功不仅受到并购方的主导行为的影响，也会受到目标方企业决策的重要影响（Gadiesh et al.，2002）。通常来说，并购前目标方企业的领导者有必要在并购后阶段被保留一定的自主性程度以及决策权力来支持并购方新获取的业务、销售网络、产品渠道及人际关系（Graebner，2004；Walsh，1989）。资源基础观强调，并购可以通过留存目标方拥有的有价值的资源，从而建立起自身的比较优势。技术获取型海外并购目标方企业拥有的一些优质的资源比如在特定领域的经验、技能和渠道，在并购后价值创造过程中的作用无法被取代，能够为并购后企业经营运作提供关键的支持；由于这些经验、技能和渠道往往是隐性知识、社会性的复杂知识，内嵌在目标方组织网络中，无法脱离知识的持有者来进行传递（Winter，1987），因此赋予目标方自主性使这些资源能够保留下来是很重要的。

第三，阻碍资源的吸收和融合。在并购整合实施过程中，考虑到由于至少一些目标方的冗余应该被剥离，也有一部分学者认为并购方不应该给予目标方自主性，相反而是应该对目标方进行控制约束以便对其重新架构将其部分资源吸收进并购方。并购方给予目标方自主性越多，目标方资源被吸收的就越少（Datta and Grant，1990）。在并购后阶段，并购双方企业资源需要被有效地吸收和融合以进行资源的再配置，而如果目标方获得自主性，目标方企业雇员可能会阻碍并购方对于资源的利用和重新配置，以保护自身的利益和工作（Datta and Grant，1990；Haspeslagh and Jemison，1991；Larsson and Finkelstein，1999）。此外，给予目标方企业自主性可能限制并购双方组织成员之间的直接联系，在无形中加大了沟通交流的困难，阻碍了信息的高效流动，同样也不利于双方资源的融合和交互。

至此，我们已分析提出了技术获取型海外并购整合程度对并购协同效应产生影响的三条传导机制，包括两条促进机制和一条损害机制；分析提出了技术获取型海外并购目标方自主性对并购协同效应产生影响的三条传导机制，同样包括两条促进机制和一条损害机制。在第二小节中，我们将进一步深入地阐明针对技术获取型海外并购双方资源相似性互补性不同强弱组合，应如何选择与之相匹配的整合程度与目标方自主性策略，方能发挥整合程度与目标方自主性的积极作用、规避整合程度与目标方自主性的消极作用，从而实现并购后协同效应的最大化。

第二节　技术获取型海外并购整合程度、目标自主性与资源相似性、互补性的匹配

并购后整合策略的研究需要充分考虑并购双方的主体特征为前提（Capron and Hulland，1999；Haspeslagh and Jemison，1991），在战略管理领域，近期的研究线索指向并购双方资源关联性。资源关联性包括资源相似性与资源互补性两个维度，是决定并购后整合策略选择的重要影响因素。本小节将分析为实现并购后协同效应的最大化，与资源相似性、互补性不同强弱特征相匹配的技术获取型海外并购整合程度与目标自主性选择，这是本书核心假设的重要组成部分。

一　资源相似性、互补性不同强弱组合与整合程度

技术获取型海外并购双方资源相似性指的是并购双方企业在技术、产品、市场或者能力等方面的相似程度。对高技术产业并购的研究已经发现，资源相似性能管理促进现有知识的相互理解和分享，共同的技能、共享的语言和相似的认知结构实际上是学习的先决条件。与此相对地，技术获取型海外并购双方资源互补性指的是并购双方企业所拥有的技术、产品、市场、能力等资源，在具有一定差异的基础上，能够相互支持和促进以增加潜在价值的程度。不同于资源相似性，资源互补性给企业创造了"单一企业所不能够独立发

展的能力"。我们将在本小节阐明，当技术获取型海外并购双方之间资源相似性、互补性特征不同时，整合程度对于并购协同效应的三条作用机制此消彼长的动态平衡，从而厘清在资源相似性、互补性不同强弱组合下，应与之匹配的最优整合程度，使得并购后协同效应最大化。

首先，资源相似性越强，整合程度通过技术转移对并购协同效应形成的促进机制越强。Datta和Puia（1995）指出，海外并购双方的资源相似性程度能够促进整合过程中关键的功能性知识例如技术和市场知识在并购双方间的转移。类似地，Si和Bruton（2005）提出，技术资源的相似性通过建立技术知识的基础和优势促进并购整合中的技术转移。资源相似性保证了一个有利于技术获取型海外并购双方更好地理解彼此技术基础以及更好地进行技术共享的环境，更进一步地，在相似的现有知识背景下进行的活跃的知识共享和转移被证明能够更好地促进海外并购的绩效：技术获取型海外并购双方的资源相似性越强，意味着在并购后整合阶段，并购方对目标方所拥有的知识的吸收能力和同化能力越强，从而提升获取、开发、转移新技术和新知识的效率。此外，并购方也能够更加清楚地理解目标方技术资源的优势，便于和自身技术进行对接，加强通过技术转移获得的技术成果的吸收转化效率和成果，从而提升技术获取型海外并购收益。

其次，资源相似性越强，整合程度通过优化资源配置对并购协同效应形成的促进机制越强。并购获取的资源相似性为并购方提供了扩大生产经营规模、合理配置生产要素的机会，有助于通过并购后整合提升生产经营效率，实现规模经济。由于资源相似性的存在，技术获取型海外并购方企业熟悉目标方企业已有产品的品牌价值、市场定位和要素投入，能够更好地制定与原有产品的匹配策略，重新调配资源投入生产。一定程度的相似意味着并购双方可以共享生产设备、销售团队、市场渠道、物流运输等基础资源，消减冗余的设备、工程和项目，在更多的产出上分摊固定费用以及消除生产相同的产出中共同的投入。这不仅可以带来并购后企业单位产品成本、物耗的降低，降低销售费用，节省大量管理人员和产品技术人员，使得规模经济得到显著的发挥，还可使企业腾挪出更多的资金用于产品的研制与开发，从而延伸产品的生产和运营，进而从并购中获得收益。

最后，资源互补性越强，整合程度通过带来冲突和整合成本对并购协同效应形成的损害机制越强。一是与整合相似性的资源相比，整合互补性的资源将会引致更高的冲突和摩擦。互补性从概念上来说，是具有价值的一种差异性。当具有差异性的资源发生碰撞和融合时，相互之间的排斥将会显得更为尖锐，整合对目标方已形成的组织惯例和程序套路造成的分解和破坏程度更高，带来并购双方之间更难以调和的矛盾。二是与整合相似性的资源相比，整合互补性的资源将会增加更多的整合成本，因为整合互补性资源比整合相似性资源更富有挑战和困难。旧资源和资源之间的差异性越大，合并两者的困难度越大。整合带来的负面效应与整合过程的复杂性有关（Pablo et al., 1996）。对于大量的具有差异性和陌生性的资源的整合使整合阶段变得更为复杂化，也使并购方更难以评估整合过程的绩效产出，转变为较高的整合实施成本。

由上文分析可知，若技术获取型海外并购双方呈现出资源相似性强互补性弱的特征，则整合程度对于并购协同效应的积极影响强而消极影响弱，因此应匹配高整合程度，方能实现并购后协同效应最大化；若技术获取型海外并购双方呈现出资源相似性弱互补性强的特征，则整合程度对于并购协同效应的消极影响强而积极影响弱，因此应匹配低整合程度，方能实现并购后协同效应最大化。

二 资源相似性、互补性不同强弱组合与目标方自主性

类似地，我们将在本小节阐明，当技术获取型海外并购双方具有的资源相似性、互补性特征不同时，目标方自主性对于并购协同效应的三条作用机制此消彼长的动态平衡，从而厘清在资源相似性、

互补性不同强弱组合下,应与之匹配的最优目标方自主性,使得并购后协同效应最大化。

首先,资源相似性越强,自主性通过阻碍资源的吸收和融合对并购协同效应形成的损害机制越强。先前的研究发现若并购双方资源相似性高,则应给予目标方较低的自主性(Datta and Grant,1990),这一观点背后的逻辑和效率相关。若目标方与并购方较为相似,考虑到目标方管理者可能会抗拒并购带来的改变,害怕失去现有的权力、威望以及对其所掌控资源的控制,此时赋予目标方自主性可能不利于相似资源被吸收同化的效率和效果。相较于以并购双方资源互补性为特征的技术获取型海外并购,以资源相似性为特征的技术获取型海外并购对于整合阶段技术在两个组织间的转移、吸收和合并的需求更高。这种情况下如若给予目标方企业的自主权过高,则会增加并购双方资源流动的障碍,降低并购双方之间沟通效率,增大资源管理的难度,同时可能引发并购双方的管理者对于资源统筹的分歧,阻碍相似资源的吸收合并,从而不利于并购协同效应的发挥。

其次,资源互补性越强,自主性通过保护研发人员的生产积极性对并购协同效应形成的促进机制越强。有关并购实施的文献表明,当目标方企业给并购后企业带来新颖的、不熟悉的技术时,目标方企业获得决策制定自主权的重要性尤为突出(Haspeslagh and Jemison,1991;Penrose,1959;Ranft and Lord,2002)。当技术获取型海外并购的并购方企业和目标方企业经营于不同的但是互补的资源领域,那么目标方研发人员会成为更具价值的资源,因为他们能够抵消并购方企业在特定技术领域的能力不足。为了实现互补性资源的潜在价值,并购方需要依赖目标方研发人员关于互补性的知识及其并购后进行联合的意愿。此时给予目标方企业较高的自主性程度能够促进目标方研发人员分享技术知识,并激发将他们所拥有的技术和并购方的技术进行联合的意愿,也能够帮助留下和增加关键研发人员的生产力。基于资源基础观的视角,我们认为当技术获取型海外并购双方以资源互补性为主时，目标方自主性的保留显得尤为重要，因为与有形资产相比，以技术及知识为基础的无形资产更难以被转移和掌握，在这种情况下，仅依靠并购方的力量来理解、开发和商业化目标方企业的技术资产价值是很困难的，当技术环境不确定时，应赋予目标方企业经营和决策的自主性，旨在保护目标方关键技术人员的生产力和生产积极性。

最后，资源互补性越强，自主性通过关键资源和已建立路径的存续对并购协同效应形成的促进机制越强。Pablo（1994）、Chatterjee 等（1992）以及其他学者指出与目标方所处行业和产品领域相关的经验丰富的收购者将能够根据需要更好地分配给予目标方自主权的水平。并购方公司了解和熟悉目标方公司的隐性知识和市场资源越多，目标方公司需要的自主性越少。反之当并购方公司不熟悉目标方公司的生产产品、经营流程、市场资源、制度结构时，给予目标方管理团队更大的自主性和决策权来保证目标方已建立起来的产品品牌、市场渠道、组织关系得到保留显得特别重要，这是因为对于互补性高于相似性的并购标的，并购后整合、生产、销售等一系列实现并购价值的活动的执行更加依赖来自目标方的管理决策、过去经验和现有渠道和资源。给予目标方较高的自主性使得目标方管理者可以依旧自由地对其原有权利架构下的资源进行掌控和管理，不致这些资源在并购后由于新的管理者无法认识到其内含价值而造成流失和减损。

由上文分析可知，若技术获取型海外并购双方呈现出资源相似性强互补性弱的特征，则目标方自主性对于并购协同效应的消极影响强而积极影响弱，因此应匹配低目标方自主性程度，方能实现并购后协同效应最大化；若技术获取型海外并购双方呈现出资源相似性弱互补性强的特征，则目标方自主性对于并购协同效应的积极影响强而消极影响弱，因此应匹配高目标方自主性程度，方能实现并购后协同效应最大化。

三 资源相似性与互补性的交互作用

到目前为止的分析，我们讨论了在技术获取型海外并购双方资源相似性强互补性弱、相似性弱互补性强的两种情形下，为使并购后协同效应最大化，应与之匹配的整合程度、目标方自主性程度。而在现实中，可能存在技术获取型海外并购双方资源相似性互补性均强的情形，此时整合程度、目标方自主性对于潜在并购协同的促进作用和损害作用同时很强或很弱，导致我们无法直接确定在这种情形下的最优整合程度与目标方自主性。为了解决这个问题，我们需要在前述研究的基础上分析资源相似性与互补性的交互作用对于最优整合程度与目标方自主性选择的影响。在研究资源相似性、互补性在并购整合实施中的作用时，已有的文献大多单独地考察资源相似性、资源互补性，而对两者交互作用的研究较少。本书将分析，当资源相似性和资源互补性作为资源联系性的两个方面同时很强时，会如何影响包括整合程度和目标方自主性在内的并购整合决策①。

当海外并购双方仅仅存在较强的资源相似性而资源互补性较弱时，为了更好地促进由技术转移和资源的优化配置带来的协同效应，高度整合是必要且可行的，因为并购方管理者至少熟悉目标方一部分的经营业务，同时能够理解和操控目标公司所拥有的技术和资源，拥有足够的知识和吸收能力实施整合。而当资源相似性与资源互补性均强时，并购双方的差异性会加大经营管理对接的难度，突出整合的摩擦效应，同时整合更可能破坏并购双方互补性资源的创新潜力，此时并购方有可能倾向于进行更低度的整合，与仅仅资源相似性较强的情形相比。此外，当海外并购双方仅仅存在较强的资源互补性而资源相似性较弱时，出于规避不熟悉的资源带来的潜在摩擦成本的考量，并购方往往会采取低度的整合。而当资源相似性与资

---

① 本书不考虑资源相似性与互补性均弱的情况，因为该类海外并购通常不是出于技术获取的目的，而是出于财务投资等其他目的，因此不在本书的研究范畴之内。

源互补性同时较强时，资源相似性增强了并购方对目标方互补性知识的理解和吸收能力，此时并购方有可能倾向于进行更深度地整合，与仅仅资源互补性较强的情形相比。因此，资源相似性强互补性弱与并购后整合程度之间的匹配关系会在资源互补性也强的情况下被削弱，同时资源相似性弱互补性强与并购后整合程度之间的匹配关系会在资源相似性也强的情况下被削弱，即资源相似性与互补性对整合程度具有负向的交互作用。综上所述，若技术获取型海外并购双方呈现出资源相似性互补性均强的特征，则考虑到资源相似性与互补性的交互作用，应匹配较高整合程度，方能实现并购后协同效应最大化。

同理来看，当海外并购双方仅仅存在较强的资源相似性而资源互补性较弱时，并购方出于提高资源重组和组织合理化效率的考虑，应给予目标方较低的自主性。而当资源相似性与资源互补性均强时，目标方和并购方之间至少具有一部分差异的知识和技术，要想更好地利用和理解这部分互补性差异，并购方管理者需要更多地依赖于目标方管理者，给予目标方一个相对更高的自主权以获得来自目标方管理者的帮助和支持，与仅仅资源相似性较强的情形相比。另外，当海外并购双方仅仅存在较强的资源互补性而资源相似性较弱时，并购方出于保护研发人员等关键资源存续的考虑，应给予目标方较高的自主性。而当资源相似性与资源互补性均强时，由于资源相似性的存在，并购双方经营和管理团队具有类似的技能、水准和风格，使得并购方有能力对目标方研发管理层的知识、技能和行为做出更为审慎和精准的理解和评价，可以用己方人员来代替他们或者重新雇用。出于效率的角度考虑，并购方可能会给予目标方一个相对更低的自主权，与仅仅资源互补性较强的情形相比。因此，资源相似性强互补性弱与目标方自主性之间的匹配关系会在资源互补性也强的情形下被削弱，同时资源相似性弱互补性强与目标方自主性之间的匹配关系会在资源相似性也强的情况下被削弱，即资源相似性与互补性对目标方自主性程度具有负向的交互作用。综上所述，若技术获取型海外并购双方呈现出资源相似性互补性均强的特征，则考虑到资源相似性与互补性的交互作用，应匹配较高目标方自主性程度，方能实现并购后协同效应最大化。

第三节 制度距离对资源联系性与整合策略匹配模式有效性的影响

第一节和第二节的分析是对技术获取型海外并购在资源视角下的讨论，而并未考虑到海外并购的制度环境因素。海外并购双方的资源相似性、互补性属于海外并购整合主体的特征，而制度提供了海外并购发生的环境，因此海外并购双方制度因素属于并购整合发生环境的特征，其对于技术获取型海外并购的整合模式、整合过程乃至整合结果有着独立于整合主体特征的、决定性的深远影响。适应制度环境的企业能够建立起比较优势，但适应海外陌生制度环境是具有成本的，因而在更远的制度距离的海外目标国运营的企业会遇到更多的问题（Dikova et al., 2010），与制度距离较低的情形下相比，其并购战略和实施过程将会有所不同。在本节中，我们将具体考察海外并购中的制度因素，特别地，制度距离对于前文分析的资源联系性与整合策略之间匹配模式的有效性的影响，换言之，我们需要关注的是，资源联系性与整合策略之间匹配模式是否在海外并购双方不同的制度距离特征下均能够成立。

在总体上，海外并购与国内并购相比，具有更高的风险（Shimizu et al., 2004），进入一个陌生国家带来的挑战会使得这一内在的过程更加的具有不确定性和复杂性。当企业并购位于东道国的目标方时，会面对非常显著的制度环境差异（Dikova et al., 2010），这是海外并购不同于一般国内并购的非常重要的特殊因素，这一因素可能潜在地缓和或增强海外并购的风险，并且被认为能够对并购决策产生影响（Elango et al., 2013；Contractor et al., 2014）。基于制度理论的思想，在海外并购中，母国的政治、经济和社会制度会影响企业的经济行为和绩效（Cui and Jiang，2012）。制度在不同的国家中能够调节经济活动（North，1990）。因此，我们认为，在技术获取型海外并购中，并购双方间的制度距离对于资源联系性与并购后整合策略之间的匹配关系可能存在一种类似调节效应的作用，这一观点在先前的文献中也能够找到线索（Schwens et al.，2011）。在海外并购双方制度距离不那么显著的情形下，资源本身的特征如相似性互补性在海外并购资源转移和整合的过程中起到主要作用，此时并购后整合策略的选择呈现出与资源特征的一种合理匹配来最大化并购后协同效应；而在海外并购双方制度距离十分显著的情形下，海外并购资源转移和整合的环境背景因素起到更为主要的先决性作用，这种强烈的作用使得资源特征与整合策略之间的匹配效应被消减削弱，因此整合策略的选择更加依赖于制度因素本身的影响。下面我们将分析在这种情形下，并购方应如何选择并购后整合程度与目标方自主性程度，有利于并购协同效应的实现。

制度距离在本书中指的是海外并购双方所在国之间正式制度环境的差异程度（Dikova et al.，2010；Peng et al.，2008）。在海外并购的相关研究中，制度通常被区分为正式制度和非正式制度。非正式制度具有文化背景的特征，描述了基于信任、合作、认同、协调的行为模式（Whitley，1999）。而相对的，正式制度则被显性地装载于政治条例、法律法规、经济事件中（Peng，2000）。之所以考虑正式制度而非非正式制度，因为非正式制度在含义上更贴近于文化，而正式制度则描摹了与文化无关的独特的国家制度环境，正式制度距离更能反映出海外并购双方所在国在经济制度、政治制度等方面的差距[①]。经济制度决定了经济活动受到的约束和激励机制（North，1990），同时提供了经济活动发生的基础设施，例如有形设施，人力

[①] 我们在资源相似性和互补性的内涵中涵盖了文化维度，因此对于制度距离，我们更多地考察非文化维度，即正式制度距离。

资源设施和技术设施，这些基础设施能够产生效率，进而降低交易成本（Khanna and Rivkin，2001）。政治制度则体现了多层级的政府对于政治家和政治团体行为的规则和约束，能够强制法律的执行（Rodriguez et al.，2005），从而对企业的国际化经营产生影响。

　　政治和经济制度方面的差异（制度距离）会给并购方整合带来很大的难题，因为它提高了外部不确定性，要求企业更多地拥有理解和跨越制度差异的能力。并购方需要掌握和适应一个给定社会中政治和经济的规则、法律和惯例（Demirbag et al.，2007；Puck et al.，2009）。只有适应这些才能使并购方在目标方国度内，以及目标方公司的雇员和股东眼中建立起合法性，反过来也可以保证其后续的商业成功和持续的市场生存，使整个并购整合过程更为迅速，减少复杂性。而不同国家和地区间在制度方面的差异性将会导致跨国并购方在对来自不同国家和地区的目标企业资源进行整合和配置时面临更大的挑战，逐渐增加跨国企业和东道国商务合作伙伴、供应商、经销商和机构成功建立、维系关系的障碍，因而也增大了整合潜在的风险和协调成本（Dikova et al.，2010；Meyer et al.，2009；Wright et al.，2005）。Kostova（1999）的研究指出，如果母公司和子公司在制度上是很遥远的，那么战略资源在母公司和子公司间进行转移成为一个艰巨的任务，这可能造成企业决定放弃对位于遥远的东道国的国外子公司进行整合，因为在这种情况下，"整合的成本是如此高昂，以至于其毫无疑问将会超过可能带来的收益"（Kostova，1999：313）。因此，我们认为，在技术获取型海外并购双方制度距离逐渐增高，超过一定阈值的情形下，并购方企业总是采取低整合程度有利于并购协同效应的实现。

　　同时，较高的制度距离将会增加海外并购是否能够从东道国得到资源支持和能力支持的不确定性，换句话说，增加了东道国内嵌的资源、路径、惯例能够被有效地转移到母国的难度（Chen and Hennart，2004；Demirbag et al.，2007）。理解并适应制度的差异性给并购方带来很大的挑战，例如，制度环境的差异性导致东道国和母国在法律法规、政府治理、市场机制、经济交易等方方面面都面临较大的不同，两国的商业法规健全程度、资本、劳动和产品市场的运行规则以及知识、技术产权的保护程度不一，为了更好地应对这些挑战，并购方需要更多地依赖于本地知识和东道国的资源，特别是目标方企业的管理层、目标方员工和植入在当地的资源。反之，无法消除或适应目标国迥异的规则和制度带来的压力可能会危及并购交易和后续整合的完成，甚至加剧交易放弃、关停或整合失败的风险（Dikova et al., 2010）。因此，在技术获取型海外并购双方制度距离逐渐增高，超过一定阈值的情形下，保护内嵌在目标方中的资源以及保护目标方员工的合作积极性成了促进并购后整合成功进行的先决条件，这种情形下并购方企业总是采取高目标方自主性程度有利于并购协同效应的实现。

综合第一小节至第三小节的内容，我们已系统性地厘清了在技术获取型海外并购中，并购双方资源联系性、整合策略、并购后协同效应三者间的逻辑关系，以及制度因素在其中的影响作用。具体来说，当技术获取型海外并购双方制度距离处于一个合理的范围之内时，并购后整合策略的选择应当与并购双方资源联系性进行合理匹配，来最大化并购后协同效应；而当技术获取型海外并购双方制度距离过高时，并购交易和后续整合失败的风险大大提高，制度因素的强烈作用使得资源联系性与整合策略之间的匹配效应被消减削弱，整合策略的选择因此更依赖于制度距离本身的影响。至此，我们得以提出本书的核心理论假设：

假设1：在技术获取型海外并购双方制度距离较低的情形下，并购后整合程度与目标方自主性的选择应与并购双方资源联系性相匹配，有利于并购后协同效应的实现。

假设1a：在技术获取型海外并购双方制度距离较低的情形下，并购双方资源相似性强互补性弱，则应匹配高整合程度和低目标方自主性程度，有利于并购后协同效应的实现。

假设1b：在技术获取型海外并购双方制度距离较低的情形下，

并购双方资源相似性弱互补性强，则应匹配低整合程度和高目标方自主性程度，有利于并购后协同效应的实现。

假设1c：在技术获取型海外并购双方制度距离较低的情形下，并购双方资源相似性强互补性强，则应匹配较高整合程度和较高目标方自主性程度，有利于并购后协同效应的实现。

假设2：在技术获取型海外并购双方制度距离较高的情形下，应选择低整合程度及高目标方自主性程度，有利于并购后协同效应的实现。

第四节　总体理论框架

本章内容通过理论分析与论证，厘清了基于资源相似性与互补性视角的技术获取型海外并购整合与目标方自主性研究的主要理论机理。本章内容重点研究解决了在技术获取型海外并购中，应如何选择与并购双方资源特征相匹配的整合程度与目标方自主性决策，方能实现并购后协同效应的最大化，以及这种匹配模式的有效性是否受到并购双方制度距离因素的影响，从而构建制度距离高低不同情形下，技术获取型海外并购双方资源联系性、整合策略、并购协同效应三者之间关系综合性分析框架，以两条核心假设的形式做出表述。

在假设1中，我们认为，在技术获取型海外并购双方制度距离较低的情形下，资源本身的特征如相似性互补性在海外并购资源转移和整合的过程中起到主要作用，因此并购后整合程度与目标方自主性决策应与并购双方资源相似性互补性强弱特征相匹配，方能实现并购后协同效应的最大化。通过理论分析，我们指出，整合程度与目标方自主性程度对于并购后协同效应的影响并不是单一方向的，而是既有促进作用又有损害作用，只有当整合策略与海外并购双方资源相似性互补性特征正确匹配时，才能发挥整合程度与目标方自主性的积极作用、规避整合程度与目标方自主性的消极作用，从而实现并购后协同效应的最大化。具体来说，在技术获取型海外并购双方制度距离较低的情形下，并购双方资源相似性强互补性弱，则应匹配高整合程度和低目标方自主性程度，有利于并购后协同效应的实现（假设1a）；并购双方资源相似性弱互补性强，则应匹配低整合程度和高目标方自主性程度，有利于并购后协同效应的实现（假设1b）；并购双方资源相似性强互补性强，则应匹配较高整合程度和较高目标方自主性程度，有利于并购后协同效应的实现（假设1c）。

在假设2中，我们认为，在技术获取型海外并购双方制度距离较高的情形下，并购交易和后续整合失败的风险大大提高，制度因素的强烈作用使得资源联系性与整合策略之间的匹配效应被消减削弱，整合策略的选择因此更依赖于制度距离本身的影响。通过理论分析，我们指出，在技术获取型海外并购双方制度距离较高的情形下，整合的成本是如此高昂以至于将会超过可能带来的收益；同时保护内嵌在目标方中的资源以及保护目标方员工的合作积极性成为促进并购后整合成功进行的先决条件，因此此时应选择低整合程度及高目标方自主性程度，从而能够利用温和的整合策略来最大限度地缓减制度因素带来的整合风险，有利于并购后协同效应的实现。本书的总体理论框架模型如图3.1所示：

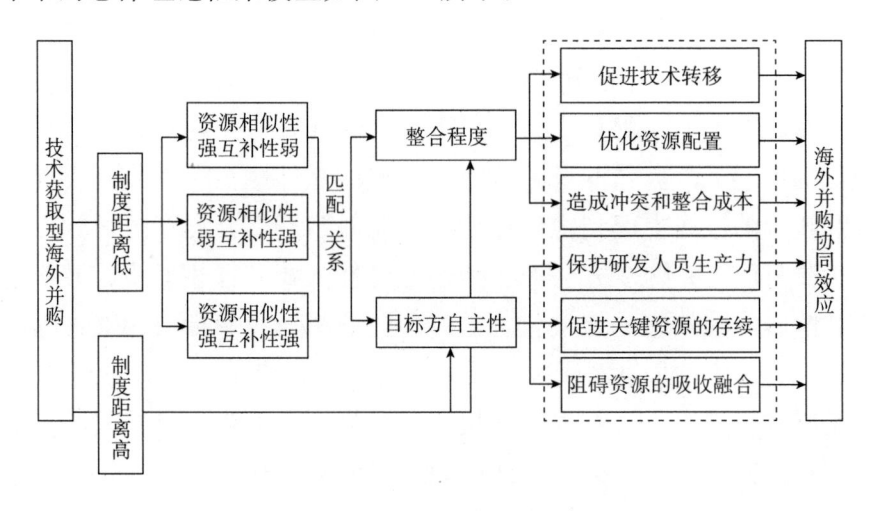

图3.1　本书的总体理论框架模型

第五节　本章小结

并购收益的实现受到并购实施过程的深远影响，在并购后需要进行高效的整合，才能达成并购的成功。本章围绕技术获取型海外并购整合与目标方自主性这一研究对象，构建技术获取型海外并购双方资源联系性、整合策略、并购协同效应三者之间关系的综合分析框架，并考察海外并购双方制度距离在其中的作用。从资源相似性、互补性及其交互作用的角度论证了在技术获取型海外并购中，应如何选择与并购双方资源特征相匹配的整合程度与目标方自主性决策，方能实现并购后协同效应的最大化，以及制度距离对于上述匹配模式有效性的影响，提出了本书的核心假设，为后续章节的发展奠定了理论基础。在第四章中，本书将利用数理模型分析的方法对上述理论框架和核心假设作进一步深入阐释和论证。

第 四 章

技术获取型海外并购整合与目标方自主性的数理模型分析

在本章节中,我们基于 Guadalupe 等(2012)关于异质性企业通过跨国并购进行技术创新的模型框架,构建一个技术获取型海外并购整合模型,通过数学语言刻画在并购协同效应最大化目标下,技术获取型海外并购整合程度和目标方自主性应如何与海外并购双方资源相似性、资源互补性特征相匹配,以及制度距离高低对于该匹配模式有效性的影响。由此推导得到在海外并购双方制度距离高低不同的情况下,应如何选择技术获取型海外并购的最优整合程度和目标方自主性程度来最大化协同效应。

第一节 模型结构

考虑一个垄断竞争环境下的模型(Helpman and Krugman, 1985),存在两个国家:母国 H 和东道国 F。母国市场上的企业具有异质性(Melitz, 2003),具有不变替代弹性(CES)的需求结构。

代表性消费者的效用函数形式为

$$U = \left[\int_0^N q(\omega)^\rho d\omega\right]^{\frac{1}{\rho}}$$

其中 N 表示市场上产品的种类数，$q(\omega)$ 表示对商品 ω 的消费量，ρ 是 CES 效用函数中用来定义替代弹性的参数，满足 $\rho \in (0, 1)$，替代弹性 $\sigma = \dfrac{1}{1-\rho} > 1$。根据 Dixit 和 Stigliz（1977）的证明，总体的价格水平可以被表示为

$$P = \left[\int_0^N p(\omega)^{1-\sigma} d\omega\right]^{\frac{1}{1-\sigma}}$$

进而得到对特定产品的需求量为

$$q(\omega) = \frac{R}{P}\left[\frac{p(\omega)}{P}\right]^{-\sigma}$$

其中 R 为总支出水平，$p(\omega)$ 为特定产品的价格。

假设生产企业是连续性的，生产只需要投入一种要素，即劳动。企业的技术水平不同体现为成本函数的不同，假设成本函数具有边际成本不变的性质。因而劳动的使用量是产出的线性函数［类似 Melitz（2003）的研究，在这里我们不考虑生产的固定成本］，即有 $l(\varphi) = \dfrac{q}{\varphi}$，此处 φ 反映了企业的初始生产率水平，满足 $\varphi > 0$。不管各个企业的生产率如何，每个企业面临的是一条不变弹性的需求曲线，因此企业会采用利润最大化的定价策略来设定价格，其价格加成为 $\dfrac{\sigma}{\sigma-1} = \dfrac{1}{\rho}$。因此可知，企业的定价策略为 $p(\varphi) = \dfrac{w}{\rho\varphi}$，在其中 w 表示工资率，假定标准化为 1。由此可知，各企业的利润函数形式为

$$\pi(\varphi) = p(\varphi)q - l(\varphi) = \frac{1-\rho}{\rho\varphi}q = \frac{R}{\sigma}(P\rho\varphi)^{\sigma-1} \qquad (4-1)$$

第二节 技术获取型海外并购整合过程刻画

在东道国 F，存在一个代表性企业 f，其技术水平高于母国企业。为提高自身的技术水平，某一母国企业 h 对东道国企业 f 进行技

术获取型海外并购。并购后生产技术的改进和生产率的提升需要通过整合来实现。技术获取型海外并购整合是并购双方之间通过共享和转移等形式对企业资源进行重新配置的过程。和第三章理论机理的思想一致，一方面，并购整合通过促进并购双方企业间技术转移和优化资源配置来提升并购企业的生产效率；另一方面，整合也会引起摩擦和冲突，增加一定的整合成本。假设母国企业进行技术获取型海外并购后选择一整合水平 T（$T>1$），则并购整合后的企业生产率为 $\gamma T\varphi$，γT 表示企业生产率的提升水平，$\gamma > 0$。相应地，选择整合水平 T 将带来整合成本 $C(T)$，满足：$C'(T) > 0$。而此时母国市场上其他未并购企业的生产率保持初始水平不变，并购企业和未并购企业的生产率差异反映两类厂商之间技术水平的差异。

技术获取型海外并购使得并购方获得海外目标方具有价值的资源，这些具有相似性或互补性特征的资源能够通过整合被并购方所利用，提升并购方企业的生产效率，降低生产成本，缓解整合摩擦。此外，出于海外并购的特殊性考虑，我们还将引入技术获取型海外并购双方间制度距离在其中的影响。下面，我们将通过数理分析来刻画这一过程。

资源相似性刻画了两公司分享相似技术、产品、市场或者能力的程度（Ahuja and Katila, 2001; Chatterjee, 1986; Lubatkin, 1987）。整合相似的业务，共享及转移合并后公司的相似资源能够提高资源的运用效率，通过"效率性协同效应"来促进生产力的提高。因此，我们假定当存在资源相似性时，并购企业 h 经过整合生产率水平的具体形式为 $(1+\theta)T\varphi$，其中 θ 代表资源相似性程度，满足 $0<\theta<1$。相对地，资源互补性指两个公司间能够相互促进、使合并公司创造非两者组合不能创造的价值的不同资源或者不同种能力的组合（Helfat and Peteraf, 2003）。资源互补性形成了技术获取型海外并购中"增长性协同效应"的重要来源，能够改进并购方的生产函数，提升并购方的生产效率和生产力。因此，我们假设，当同时存在资源相似性和资源互补性时，并购企业 h 经过整合生产率水平的具体形

式为 $(1+\theta+\delta)T\varphi$，其中 δ 代表资源互补性程度，满足 $0<\delta<1$。

制度距离指的是技术获取型海外并购企业母国和东道国之间包括如政治和司法规则、经济和市场规则等方面在内的制度环境的差异程度（Dikova et al.，2010；Peng et al.，2008）。较高的制度距离将会增加海外并购是否能够从东道国得到资源支持和能力支持的不确定性，换句话说，增加了东道国内嵌的资源、路径、惯例能够被有效地转移到母国的难度（Chen and Hennart，2004；Demirbag et al.，2007）。无法消除或适应目标国迥异的规则和制度带来的压力可能会危及并购交易和后续整合的完成，甚至加剧交易放弃、关停或整合失败的风险（Dikova et al.，2010）。因而，我们假设，由于制度距离的存在，将会造成并购方企业资源转移和资源整合一定的失败率，制度距离越高，该失败率越高。因此，在技术获取型海外并购双方企业制度距离的影响下，最终并购企业 h 并购整合后生产率水平的具体形式可以进一步表达为资源相似性、资源互补性、制度距离和整合程度的函数 $(1-d)(1+\theta+\delta)T\varphi$，$d$ 代表制度距离，满足 $0<d<1$，同时也表示了并购方资源获取和整合的失败率。从以上生产率水平的具体形式来看，当制度距离逐渐提高时，整合具有相似性和互补性的资源带来的生产效率提升将会逐渐减小，甚至企业可能由于需要投入大量资源来克服转移的挑战而导致效率损失（Chao and Kumar，2010），这和理论机理的思想亦是一致的。

我们接着考虑整合带来的摩擦和冲突效应。一方面，资源相似性的存在能够减小整合过程中的摩擦和冲突，从而降低并购整合成本；另一方面，资源互补性的本质是并购双方企业在资源和能力方面可以被利用的差异性，如果差异性过大，势必会加大整合的摩擦效应，带来整合成本的增加。此外，现有文献表明不同地区间在制度方面的差异将会导致跨国并购方在对来自不同国家和地区的目标企业资源进行整合和配置时面临更大的挑战、增加协调成本（Dikova et al.，2010；Meyer et al.，2009；Wright et al.，2005）。因此，我们假设，技术获取型海外并购企业整合成本是资源相似性、资源互补性和制度距离的函数，其具体形式可表达为 $f(\theta, \delta, d) C(T)$，其中 $f(\theta, \delta, d)$ 表示资源相似性、资源互补性、制度距离对于整合成本的影响作用，满足 $\frac{\partial f(\theta, \delta, d)}{\partial \theta} < 0$，$\frac{\partial f(\theta, \delta, d)}{\partial \delta} > 0$，$\frac{\partial f(\theta, \delta, d)}{\partial d} > 0$。

现有的研究已经认识到了海外并购中的整合程度与目标方自主性是不同的概念，整合程度指的是并购企业资源的重新配置程度，而目标方自主性指的是目标方在并购后被给予自身原有经营管理权力的程度（Datta and Grant, 1990; Zaheer et al, 2011）。根据前文理论机理研究对目标方自主性为实现并购协同效应带来的积极和消极影响的分析，我们认为在此模型中目标方自主性对并购收益的影响也存在两个方面：一方面，较高的自主性有助于保护研发人员的生产力和生产积极性，促进目标方关键资源和路径的存续，有利于并购双方间增长性协同效应的实现；另一方面，较高的自主性阻碍资源的吸收同化融合过程，不利于并购双方间效率性协同的实现。因此，令 $0 < \beta < 1$ 表示给予目标方自主性程度的大小，则并购企业 h 经成功整合后获得的生产率水平进一步具体化为 $[1 + \theta\varphi(\beta) + \delta\omega(\beta)]T\varphi$，其中 $\varphi(\beta)$ 满足：$\varphi'(\beta) < 0$，$\varphi''(\beta) < 0$，意味着较高的自主性阻碍相似资源有效吸收和合并的过程，不利于并购双方间效率性协同的实现，且这种负面效应随 β 的增大而呈现边际递增；$\omega(\beta)$ 满足：$\omega'(\beta) > 0$，$\omega''(\beta) < 0$，意味着较高的自主性有助于保留目标方独有的资源和路径，保护这些资源的生产力进而实现增长协同，且这种正面效应随 β 的增大而呈现边际递减。此外，根据理论机理的思想，给予目标方自主性能够缓和较高的制度距离对资源整合带来的负面影响，降低整合的失败率，因此考虑制度距离带来的整合失败率后的生产率水平最终形式为 $[1 - d\mu(\beta)][1 + \theta\varphi(\beta) + \delta\omega(\beta)]T\varphi$，其中 $\mu(\beta)$ 满足：$\mu'(\beta) < 0$，$\mu''(\beta) < 0$，意味着较高的自主性能够降低整合的失败率，并且其作用大小是边际递增的。

至此，可知技术获取型海外并购整合发生后，并购企业 h 在垄断竞争市场上的利润函数为

$$\pi_h = \frac{R}{\sigma}(P\rho)^{\sigma-1}\{[1-d\mu(\beta)][1+\theta\varphi(\beta)+\delta\omega(\beta)]T\varphi\}^{\sigma-1}$$

(4-2)

为简便起见，我们定义整合水平的转换式 $\lambda = T^{\sigma-1}$，因而在技术获取型海外并购整合发生后，并购方企业 h 在母国市场上运营的价值 V（不考虑生产的固定成本）等于其利润水平减去为整合付出的成本：

$$V(\lambda, \beta) = \frac{R}{\sigma}(P\rho\varphi)^{\sigma-1}[1-d\mu(\beta)]^{\sigma-1}[1+\theta\varphi(\beta)+\delta\omega(\beta)]^{\sigma-1}\lambda - f(\theta,\delta,d)C(\lambda)$$

(4-3)

由于本书将并购协同效应的内涵定义为并购方企业在并购目标方企业后，通过资源的整合和重新配置活动获得的整体收益和价值，因此在下文中，我们将以最大化式（4-3）为目标，推导出并购方企业的整合决策受到哪些因素的影响及其具体的影响方向。

第三节 整合决策：制度距离较高和较低情形的分类讨论

为简化计算，从下文起我们对以上抽象函数进行具体赋值，不失一般性地，我们根据上文的定义，设置 $\varphi(\beta)=\mu(\beta)=1-\beta^2$，$\omega(\beta)=\beta^{\frac{1}{2}}$，$f(\theta,\delta,d)=(1-\theta+\delta+d)^{\sigma-1}$，$C(\lambda)=\frac{\lambda^2}{2}$。则并购方企业 h 选择技术获取型海外并购后整合的最优水平 λ^* 和自主性的最优水平 β^* 来最大化企业价值。令式（4-3）分别对 λ 和 β 求一阶导可得：

$$\frac{\partial V(\lambda,\beta)}{\partial \lambda} = \frac{R}{\sigma}(P\rho\varphi)^{\sigma-1}\{[1-d(1-\beta^2)][1+\theta(1-\beta^2)+\delta\beta^{\frac{1}{2}}]\}^{\sigma-1} - (1-\theta+\delta+d)^{\sigma-1}\lambda$$

(4-4)

$$\frac{\partial V(\lambda,\beta)}{\partial \beta} = (\sigma-1)\frac{R}{\sigma}(P\rho\varphi)^{\sigma-1}\lambda\{[1-d(1-\beta^2)][1+\theta(1-$$

$$\beta^2) + \delta\beta^{\frac{1}{2}}]\}\sigma^{-2}\{[1-d(1-\beta^2)]\left(-2\theta\beta + \frac{1}{2}\delta\beta^{-\frac{1}{2}}\right) +$$

$$2d\beta[1+\theta(1-\beta^2)+\delta\beta^{\frac{1}{2}}]\} \tag{4-5}$$

首先观察式(4-5)。为方便分析，令 $\emptyset = [1-d(1-\beta^2)]$ $\left(-2\theta\beta + \frac{1}{2}\delta\beta^{-\frac{1}{2}}\right) + 2d\beta[1+\theta(1-\beta^2)+\delta\beta^{\frac{1}{2}}]$，可知，$\frac{\partial V(\lambda,\beta)}{\partial \beta}$ 的符号正负取决于 $\emptyset$ 的符号正负，当 $\emptyset > 0$，即 $d >$

$$\frac{2\theta\beta - \frac{1}{2}\delta\beta^{-\frac{1}{2}}}{2\beta + 4\theta\beta - 4\theta\beta^3 + \frac{5}{2}\delta\beta^{\frac{3}{2}} - \frac{1}{2}\delta\beta^{-\frac{1}{2}}}$$ 时，恒有 $\frac{\partial V(\lambda,\beta)}{\partial \beta} > 0$。由于 $2\beta +$

$4\theta\beta - 4\theta\beta^3 + \frac{5}{2}\delta\beta^{\frac{3}{2}} - \frac{1}{2}\delta\beta^{-\frac{1}{2}} - 2\theta\beta + \frac{1}{2}\delta\beta^{-\frac{1}{2}} = 2\beta + 2\theta\beta - 4\theta\beta^3 +$

$\frac{5}{2}\delta\beta^{\frac{3}{2}} = 2\beta[1+\theta(1-2\beta^2)] + \frac{5}{2}\delta\beta^{\frac{3}{2}} > 0$，因此我们可以推断，

$$\frac{2\theta\beta - \frac{1}{2}\delta\beta^{-\frac{1}{2}}}{2\beta + 4\theta\beta - 4\theta\beta^3 + \frac{5}{2}\delta\beta^{\frac{3}{2}} - \frac{1}{2}\delta\beta^{-\frac{1}{2}}}$$ 存在一个最大取值，我们令之为 d^*，

且 $d^* < 1$。那么，当技术获取型海外并购双方制度距离 $d > d^*$ 时，

一定有 $d > \dfrac{2\theta\beta - \frac{1}{2}\delta\beta^{-\frac{1}{2}}}{2\beta + 4\theta\beta - 4\theta\beta^3 + \frac{5}{2}\delta\beta^{\frac{3}{2}} - \frac{1}{2}\delta\beta^{-\frac{1}{2}}}$ 成立，进而有 $\dfrac{\partial V(\lambda,\beta)}{\partial \beta} >$

0，意味着此时无论技术获取型海外并购双方的资源相似性、互补性强弱，总是采取较高的目标方自主性有利于并购后协同效应的实现；

而当 $d < d^*$ 时，d 与 $\dfrac{2\theta\beta - \frac{1}{2}\delta\beta^{-\frac{1}{2}}}{2\beta + 4\theta\beta - 4\theta\beta^3 + \frac{5}{2}\delta\beta^{\frac{3}{2}} - \frac{1}{2}\delta\beta^{-\frac{1}{2}}}$ 之间的关系不能

确定，$\emptyset$ 的符号正负进而 $\dfrac{\partial V(\lambda,\beta)}{\partial \beta}$ 的符号正负不能确定，意味着此时目标方自主性程度大小与并购后协同效应之间不是简单的单方向

线性关系，β^* 的取值依赖于并购双方资源相似性 θ 和资源互补性 δ 的大小。我们也可以通过特例来对上述结果有一个更为直观的认识：当 d 趋近于 1 时，$\varnothing$ 退化为 $\varnothing \approx \varnothing_1 = 2\beta[1+\theta(1-2\beta^2)] + \frac{5}{2}\delta\beta^{\frac{3}{2}} > 0$，此时恒有 $\frac{\partial V(\lambda,\beta)}{\partial \beta} > 0$；当 d 趋近于 0 时，$\varnothing$ 退化为 $\varnothing \approx \varnothing_2 = -2\theta\beta + \frac{1}{2}\delta\beta^{-\frac{1}{2}}$，此时 $\frac{\partial V(\lambda,\beta)}{\partial \beta}$ 取值的符号不能确定，依赖于并购双方资源相似性 θ 和资源互补性 δ 的大小。因此，我们可以得到结论：在（0，1）区间内，存在一个制度距离 d 的阈值，使得当并购双方制度距离高于此阈值时，无论技术获取型海外并购双方的资源相似性、互补性强弱，总是采取较高的目标方自主性有利于并购后协同效应的实现；而当并购双方制度距离低于此阈值时，最优目标方自主性的选择依赖于并购双方资源相似性互补性强弱特征。

同理观察式（4-4），可以发现，当 $\frac{R}{\sigma}(P\rho\varphi)^{\sigma-1}\{[1-d(1-\beta^2)][1+\theta(1-\beta^2)+\delta\beta^{\frac{1}{2}}]\}^{\sigma-1} < (1-\theta+\delta+d)^{\sigma-1}\lambda$，即 $d > \dfrac{(P\rho\varphi)\left(\dfrac{R}{\sigma}\right)^{\frac{1}{\sigma-1}}[1+\theta(1-\beta^2)+\delta\beta^{\frac{1}{2}}] - (1-\theta+\delta)\lambda^{\frac{1}{\sigma-1}}}{(P\rho\varphi)\left(\dfrac{R}{\sigma}\right)^{\frac{1}{\sigma-1}}[1+\theta(1-\beta^2)+\delta\beta^{\frac{1}{2}}](1-\beta^2) + \lambda^{\frac{1}{\sigma-1}}}$ 时，恒有 $\frac{\partial V(\lambda,\beta)}{\partial \lambda} < 0$。由于 $(P\rho\varphi)\left(\dfrac{R}{\sigma}\right)^{\frac{1}{\sigma-1}}[1+\theta(1-\beta^2)+\delta\beta^{\frac{1}{2}}](1-\beta^2) + \lambda^{\frac{1}{\sigma-1}} - (P\rho\varphi)\left(\dfrac{R}{\sigma}\right)^{\frac{1}{\sigma-1}}[1+\theta(1-\beta^2)+\delta\beta^{\frac{1}{2}}] + (1-\theta+\delta)\lambda^{\frac{1}{\sigma-1}} = -\beta^2(P\rho\varphi)\left(\dfrac{R}{\sigma}\right)^{\frac{1}{\sigma-1}}[1+\theta(1-\beta^2)+\delta\beta^{\frac{1}{2}}] + (2-\theta+\delta)\lambda^{\frac{1}{\sigma-1}} > 0$，因此我们可以推断，$\dfrac{(P\rho\varphi)\left(\dfrac{R}{\sigma}\right)^{\frac{1}{\sigma-1}}[1+\theta(1-\beta^2)+\delta\beta^{\frac{1}{2}}] - (1-\theta+\delta)\lambda^{\frac{1}{\sigma-1}}}{(P\rho\varphi)\left(\dfrac{R}{\sigma}\right)^{\frac{1}{\sigma-1}}[1+\theta(1-\beta^2)+\delta\beta^{\frac{1}{2}}](1-\beta^2) + \lambda^{\frac{1}{\sigma-1}}}$

存在一个最大取值，我们令之为$d^{*\prime}$，且$d^{*\prime}<1$。那么，当技术获取型海外并购双方制度距离$d>d^{*\prime}$时，一定有

$$d > \frac{(P\rho\varphi)\left(\frac{R}{\sigma}\right)^{\frac{1}{\sigma-1}}[1+\theta(1-\beta^2)+\delta\beta^{\frac{1}{2}}]-(1-\theta+\delta)\lambda^{\frac{1}{\sigma-1}}}{(P\rho\varphi)\left(\frac{R}{\sigma}\right)^{\frac{1}{\sigma-1}}[1+\theta(1-\beta^2)+\delta\beta^{\frac{1}{2}}](1-\beta^2)+\lambda^{\frac{1}{\sigma-1}}}$$

成立，进而有$\frac{\partial V(\lambda,\beta)}{\partial \lambda}<0$，意味着此时无论技术获取型海外并购双方的资源相似性、互补性强弱，总是采取较低的整合程度有利于并购后协同效应的实现；而当$d<d^{*\prime}$时，d与

$$\frac{(P\rho\varphi)\left(\frac{R}{\sigma}\right)^{\frac{1}{\sigma-1}}[1+\theta(1-\beta^2)+\delta\beta^{\frac{1}{2}}]-(1-\theta+\delta)\lambda^{\frac{1}{\sigma-1}}}{(P\rho\varphi)\left(\frac{R}{\sigma}\right)^{\frac{1}{\sigma-1}}[1+\theta(1-\beta^2)+\delta\beta^{\frac{1}{2}}](1-\beta^2)+\lambda^{\frac{1}{\sigma-1}}}$$

之间的关系不能确定，进而$\frac{\partial V(\lambda,\beta)}{\partial \lambda}$的符号不能确定，意味着此时最优整合程度的选择依赖于并购双方资源相似性、互补性强弱特征。通过以上分析，我们同样证明了在（0，1）区间内，存在一个使得最优整合程度的选择发生变化的制度距离d的阈值。

据此得到如下结论：

结论1：在技术获取型海外并购双方制度距离较低的情形下，并购后整合程度与目标方自主性的选择应与并购双方资源联系性相匹配，有利于并购后协同效应的实现。

结论2：在技术获取型海外并购双方制度距离较高的情形下，应选择低整合程度及高目标方自主性程度，有利于并购后协同效应的实现。

第四节 制度距离较低情形下的比较静态分析

上文已经分析了，对于式（4-4）和式（4-5），当技术获取

型海外并购双方制度距离较低时，$\dfrac{\partial V(\lambda,\beta)}{\partial \lambda}$ 以及 $\dfrac{\partial V(\lambda,\beta)}{\partial \beta}$ 取值的符号不能确定，意味着整合程度以及目标方自主性程度大小与并购后协同效应之间不是简单的单方向线性关系，存在最优的整合程度 λ^* 和自主性程度 β^* 使得并购后协同效应最大化，而 λ^* 和 β^* 的取值依赖于并购双方资源相似性 θ 和资源互补性 δ 的大小。为求得制度距离较低情形下的 λ^* 和 β^*，令 $\dfrac{\partial V(\lambda,\beta)}{\partial \lambda}=0$，$\dfrac{\partial V(\lambda,\beta)}{\partial \beta}=0$，同时解这两个方程。

由 $\dfrac{\partial V(\lambda,\beta)}{\partial \lambda}=0$ 解得

$$\lambda^* = \dfrac{\dfrac{R}{\sigma}(P\rho\varphi)^{\sigma-1}\{[1-d(1-\beta^{*2})][1+\theta(1-\beta^{*2})+\delta\beta^{*\frac{1}{2}}]\}^{\sigma-1}}{(1-\theta+\delta+d)^{\sigma-1}}$$

(4-6)

因此有

$$T^* = \lambda^{*\frac{1}{\sigma-1}} = \left(\dfrac{R}{\sigma}\right)^{\frac{1}{\sigma-1}}\dfrac{(P\rho\varphi)[1-d(1-\beta^{*2})][1+\theta(1-\beta^{*2})+\delta\beta^{*\frac{1}{2}}]}{1-\theta+\delta+d}$$

(4-7)

同时，由 $\dfrac{\partial V(\lambda,\beta)}{\partial \beta}=0$ 可知最优自主性程度 β^* 是隐函数 $[1-d(1-\beta^{*2})]\left(-2\theta\beta^*+\dfrac{1}{2}\delta\beta^{*-\frac{1}{2}}\right)+2d\beta^*[1+\theta(1-\beta^{*2})+\delta\beta^{*\frac{1}{2}}]=0$ 的解。

(4-8)

接下来，我们将对最优的 T^* 和 β^* 进行比较静态分析，考察在技术获取型海外并购双方制度距离较低的情形下，资源相似性、互补性对于使得并购后协同效应最大化的整合程度和目标方自主性程度的影响。

一 资源相似性对整合程度的影响

令式（4-7）对 θ 求偏导可得：

$$\frac{\partial T^*}{\partial \theta} = (P\rho\varphi)\left(\frac{R}{\sigma}\right)^{\frac{1}{\sigma-1}} \cdot \frac{A}{(1-\theta+\delta+d)^2}$$

其中 $A = \{[1-d(1-\beta^{*2})]\left[\left(1-\beta^{*2}-2\theta\beta^*\frac{\partial\beta^*}{\partial\theta}\right)+\frac{1}{2}\delta\beta^{*-\frac{1}{2}}\frac{\partial\beta^*}{\partial\theta}\right]+2d\beta^*\frac{\partial\beta^*}{\partial\theta}[1+\theta(1-\beta^{*2})+\delta\beta^{*\frac{1}{2}}]\}(1-\theta+\delta+d)+[1-d(1-\beta^{*2})][1+\theta(1-\beta^{*2})+\delta\beta^{*\frac{1}{2}}] = <[1-d(1-\beta^{*2})](1-\beta^{*2})-\frac{\partial\beta^*}{\partial\theta}\{[1-d(1-\beta^{*2})]\left(-2\theta\beta^*+\frac{1}{2}\delta\beta^{*-\frac{1}{2}}\right)+2d\beta^*[1+\theta(1-\beta^{*2})+\delta\beta^{*\frac{1}{2}}]\}>(1-\theta+\delta+d)+[1-d(1-\beta^{*2})][1+\theta(1-\beta^{*2})+\delta\beta^{*\frac{1}{2}}]$。

因为 $[1-d(1-\beta^{*2})]\left(-2\theta\beta^*+\frac{1}{2}\delta\beta^{*-\frac{1}{2}}\right)+2d\beta^*[1+\theta(1-\beta^{*2})+\delta\beta^{*\frac{1}{2}}]=0$，因此上式可以化简为 $A = [1-d(1-\beta^{*2})](1-\beta^{*2})(1-\theta+\delta+d)+[1-d(1-\beta^{*2})][1+\theta(1-\beta^{*2})+\delta\beta^{*\frac{1}{2}}]=[1-d(1-\beta^{*2})][1+(1+\delta+d)(1-\beta^{*2})+\delta\beta^{*\frac{1}{2}}]$。

因为 $A>0$，易知 $\frac{\partial T^*}{\partial \theta}>0$，即资源相似性越强，对应的最优整合程度越高。据此得到如下结论：

结论3：在技术获取型海外并购双方制度距离较低的情形下，并购双方资源相似性越强，为实现并购协同效应最大化所对应的整合程度越高。

二 资源互补性对整合程度的影响

令式（4-7）对 δ 求偏导可得：

$$\frac{\partial T^*}{\partial \delta} = (P\rho\varphi)\left(\frac{R}{\sigma}\right)^{\frac{1}{\sigma-1}} \cdot \frac{B}{(1-\theta+\delta+d)^2}$$

其中 $B = \{[1-d(1-\beta^{*2})][-2\theta\beta^*\frac{\partial \beta^*}{\partial \delta} + (\beta^{*\frac{1}{2}} + \frac{1}{2}\delta\beta^{*-\frac{1}{2}}\frac{\partial \beta^*}{\partial \delta})] + 2d\beta^*\frac{\partial \beta^*}{\partial \delta}[1+\theta(1-\beta^{*2})+\delta\beta^{*\frac{1}{2}}]\}(1-\theta+\delta+d) - [1-d(1-\beta^{*2})][1+\theta(1-\beta^{*2})+\delta\beta^{*\frac{1}{2}}] = \langle [1-d(1-\beta^{*2})]\beta^{*\frac{1}{2}} - \frac{\partial \beta^*}{\partial \delta}\{[1-d(1-\beta^{*2})](-2\theta\beta^*+\frac{1}{2}\delta\beta^{*-\frac{1}{2}}) + 2d\beta^*[1+\theta(1-\beta^{*2})+\delta\beta^{*\frac{1}{2}}]\}\rangle(1-\theta+\delta+d) - [1-d(1-\beta^{*2})][1+\theta(1-\beta^{*2})+\delta\beta^{*\frac{1}{2}}]$。

因为 $[1-d(1-\beta^{*2})]\left(-2\theta\beta^*+\frac{1}{2}\delta\beta^{*-\frac{1}{2}}\right) + 2d\beta^*[1+\theta(1-\beta^{*2})+\delta\beta^{*\frac{1}{2}}] = 0$，因此上式可以化简为 $B = [1-d(1-\beta^{*2})]\beta^{*\frac{1}{2}}(1-\theta+\delta+d) - [1-d(1-\beta^{*2})][1+\theta(1-\beta^{*2})+\delta\beta^{*\frac{1}{2}}] = [1-d(1-\beta^{*2})][\beta^{*\frac{1}{2}}(1-\theta+d)-1-\theta(1-\beta^{*2})]$。

在制度距离 d 较小时，有 $\beta^{*\frac{1}{2}}(1-\theta+d)-1-\theta(1-\beta^{*2}) < 0$，因此 $B < 0$，易知 $\frac{\partial T^*}{\partial \delta} < 0$，即资源互补性越强，对应的最优整合程度越低。据此得到如下结论：

结论4：在技术获取型海外并购双方制度距离较低的情形下，并购双方资源互补性越强，为实现并购协同效应最大化所对应的整合程度越低。

三 资源相似性对目标方自主性的影响

将式（4-8）关于 β^* 的隐函数整理可得：

$-2\theta\beta^* + (1-d)\frac{1}{2}\delta\beta^{*-\frac{1}{2}} + 4d\theta\beta^* - 4d\theta\beta^{*3} + \frac{5}{2}d\delta\beta^{*\frac{3}{2}} + 2d\beta^* = 0$

上述隐函数对 θ 求偏导可得：

$$-2\beta^* - 2\theta\frac{\partial \beta^*}{\partial \theta} - (1-d)\frac{1}{4}\delta\beta^{*-\frac{3}{2}}\frac{\partial \beta^*}{\partial \theta} + d\left(4\beta^* + 4\theta\frac{\partial \beta^*}{\partial \theta} - 4\beta^{*3} - 12\theta\beta^{*2}\frac{\partial \beta^*}{\partial \theta} + \frac{15}{4}\delta\beta^{*\frac{1}{2}}\frac{\partial \beta^*}{\partial \theta} + 2\frac{\partial \beta^*}{\partial \theta}\right) = 0$$

由此解得：

$$\frac{\partial \beta^*}{\partial \theta} = \frac{2\beta^* - 4d\beta^* + 4d\beta^{*3}}{-2\theta - (1-d)\frac{1}{4}\delta\beta^{*-\frac{3}{2}} + d\left(4\theta - 12\theta\beta^{*2} + \frac{15}{4}\delta\beta^{*\frac{1}{2}} + 2\right)}$$

当 d 较小时，有 $2\beta^* - 4d\beta^* + 4d\beta^{*3} > 0$，$-2\theta - (1-d)\frac{1}{4}\delta\beta^{*-\frac{3}{2}} + d\left(4\theta - 12\theta\beta^{*2} + \frac{15}{4}\delta\beta^{*\frac{1}{2}} + 2\right) < 0$，因此 $\frac{\partial \beta^*}{\partial \theta} < 0$，即资源相似性越强，对应的最优目标方自主性程度越低。据此得到如下结论：

结论 5：在技术获取型海外并购双方制度距离较低的情形下，并购双方资源相似性越强，为实现并购协同效应最大化所对应的目标方自主性程度越低。

四　资源互补性对目标方自主性的影响

将式（4-8）关于 β^* 的隐函数对 δ 求偏导可得：

$$-2\theta\frac{\partial \beta^*}{\partial \delta} + (1-d)\left(\frac{1}{2}\beta^{*-\frac{1}{2}} - \frac{1}{4}\delta\beta^{*-\frac{3}{2}}\frac{\partial \beta^*}{\partial \delta}\right) + d\left(4\theta\frac{\partial \beta^*}{\partial \delta} - 12\theta\beta^{*2}\frac{\partial \beta^*}{\partial \delta} + \frac{5}{2}\beta^{*\frac{3}{2}} + \frac{15}{4}\delta\beta^{*\frac{1}{2}}\frac{\partial \beta^*}{\partial \delta} + 2\frac{\partial \beta^*}{\partial \delta}\right) = 0$$

由此解得：

$$\frac{\partial \beta^*}{\partial \delta} = \frac{(1-d)\frac{1}{2}\beta^{*-\frac{1}{2}} + \frac{5}{2}d\beta^{*\frac{3}{2}}}{2\theta + (1-d)\frac{1}{4}\delta\beta^{*-\frac{3}{2}} - d\left(4\theta - 12\theta\beta^{*2} + \frac{15}{4}\delta\beta^{*\frac{1}{2}} + 2\right)}$$

当 d 较小时，有 $(1-d)\frac{1}{2}\beta^{*-\frac{1}{2}} + \frac{5}{2}d\beta^{*\frac{3}{2}} > 0$，$2\theta + (1-d)\frac{1}{4}\delta$

第四章　技术获取型海外并购整合与目标方自主性的数理模型分析　　81

$\beta^{*-\frac{3}{2}} - d\left(4\theta - 12\theta\beta^{*2} + \frac{15}{4}\delta\beta^{*\frac{1}{2}} + 2\right) > 0$，因此 $\frac{\partial \beta^*}{\partial \delta} > 0$，即资源互补性越强，对应的最优目标方自主性程度越高。据此得到如下结论：

结论6：在技术获取型海外并购双方制度距离较低的情形下，并购双方资源互补性越强，为实现并购协同效应最大化所对应的目标方自主性程度越高。

五　资源相似性、互补性交互作用对整合程度的影响

在上文中，我们已求得整合程度关于资源相似性的一阶偏导如下：

$$\frac{\partial T^*}{\partial \theta} = (P\rho\varphi)\left(\frac{R}{\sigma}\right)^{\frac{1}{\sigma-1}} \cdot$$

$$\frac{[1 - d(1 - \beta^{*2})][1 + (1 + \delta + d)(1 - \beta^{*2}) + \delta\beta^{*\frac{1}{2}}]}{(1 - \theta + \delta + d)^2}$$

为了得到在技术获取型海外并购中，并购双方资源相似性资源互补性的交互作用对于并购后整合程度的影响效应，令上式进一步关于资源互补性求偏导，得到并购整合程度关于资源相似性互补性的二阶导数为：

$$\frac{\partial T^*}{\partial \theta \partial \delta} = (P\rho\varphi)\left(\frac{R}{\sigma}\right)^{\frac{1}{\sigma-1}} \cdot \frac{C}{(1 - \theta + \delta + d)^3}$$

在其中 $C = \{[1 - d(1 - \beta^{*2})]\left[1 - \beta^{*2} - 2\beta^*\frac{\partial \beta^*}{\partial \delta}(1 - \theta + \delta + d) + \beta^{*\frac{1}{2}}\right] + 2d\beta^*\frac{\partial \beta^*}{\partial \delta}(1 - \theta + \delta + d)(1 - \beta^{*2})\}(1 - \theta + \delta + d) - 2[1 - d(1 - \beta^{*2})][1 + (1 + \delta + d)(1 - \beta^{*2}) + \delta\beta^{*\frac{1}{2}}] = -[1 - d(1 - \beta^{*2})]\{(1 - \beta^{*2})(1 + \theta + \delta + d) + 2\beta^*\frac{\partial \beta^*}{\partial \delta}(1 - \theta + \delta + d)^2 + [2 - \beta^{*\frac{1}{2}}(1 - \theta - \delta + d)]\} + 2d\beta^*\frac{\partial \beta^*}{\partial \delta}(1 - \theta + \delta + d)^2(1 - \beta^{*2})$

当 d 较小时,有 $C<0$,因此 $\frac{\partial T^*}{\partial\theta\partial\delta}<0$。据此得到如下结论:

结论 7:在技术获取型海外并购双方制度距离较低的情形下,并购双方资源相似性、互补性对最优整合程度选择具有负向交互作用。

六 资源相似性、互补性交互作用对目标方自主性的影响

在上文中,我们已求得目标方自主性关于资源相似性的一阶偏导如下:

$$\frac{\partial \beta^*}{\partial \theta}=\frac{2\beta^*-4d\beta^*+4d\beta^{*3}}{-2\theta-(1-d)\frac{1}{4}\delta\beta^{*-\frac{3}{2}}+d\left(4\theta-12\theta\beta^{*2}+\frac{15}{4}\delta\beta^{*\frac{1}{2}}+2\right)}$$

为了得到在技术获取型海外并购中,并购双方资源相似性资源互补性的交互作用对于并购后目标方自主性的影响效应,令上式进一步关于资源互补性求偏导,得到目标方自主性关于资源相似性互补性的二阶导数为:

$$\frac{\partial \beta^*}{\partial\theta\partial\delta}=\frac{D}{\left\{-2\theta-(1-d)\frac{1}{4}\delta\beta^{*-\frac{3}{2}}+d\left(4\theta-12\theta\beta^{*2}+\frac{15}{4}\delta\beta^{*\frac{1}{2}}+2\right)\right\}^2}$$

其中 $D=(2-4d+12d\beta^{*2})\frac{\partial \beta^*}{\partial\delta}\left\{-2\theta-(1-d)\frac{1}{4}\delta\beta^{*-\frac{3}{2}}+d\right.$
$\left.\left(4\theta-12\theta\beta^{*2}+\frac{15}{4}\delta\beta^{*\frac{1}{2}}+2\right)\right\}-\left[-(1-d)\frac{1}{4}\beta^{*-\frac{3}{2}}+\frac{3}{8}(1-d)\delta\right.$
$\left.\beta^{*-\frac{5}{2}}\frac{\partial \beta^*}{\partial\delta}-24\theta d\beta^*\frac{\partial \beta^*}{\partial\delta}+\frac{15}{4}d\beta^{*\frac{1}{2}}+\frac{15}{8}d\delta\beta^{*-\frac{1}{2}}\frac{\partial \beta^*}{\partial\delta}\right](2\beta^*-4d\beta^*+$
$4d\beta^{*3})=\left[-(1-d)\frac{1}{2}\beta^{*-\frac{1}{2}}-\frac{5}{2}d\beta^{*\frac{3}{2}}\right](2-4d+12d\beta^{*2})-\left[-(1-\right.$
$\left.d)\frac{1}{4}\beta^{*-\frac{3}{2}}+\frac{3}{8}(1-d)\delta\beta^{*-\frac{5}{2}}\frac{\partial \beta^*}{\partial\delta}-24\theta d\beta^*\frac{\partial \beta^*}{\partial\delta}+\frac{15}{4}d\beta^{*\frac{1}{2}}+\frac{15}{8}d\delta\right.$
$\left.\beta^{*-\frac{1}{2}}\frac{\partial \beta^*}{\partial\delta}\right](2\beta^*-4d\beta^*+4d\beta^{*3})=\left[-(1-d)\frac{1}{2}\beta^{*-\frac{3}{2}}-\frac{5}{2}d\beta^{*\frac{1}{2}}\right]$
$(2\beta^*-4d\beta^*+12d\beta^{*3})-\left[-(1-d)\frac{1}{4}\beta^{*-\frac{3}{2}}+\frac{3}{8}(1-d)\delta\beta^{*-\frac{5}{2}}\right.$

$$\frac{\partial \beta^*}{\partial \delta} - 24\theta d\beta^* \frac{\partial \beta^*}{\partial \delta} + \frac{15}{4} d\beta^{*\frac{1}{2}} + \frac{15}{8} d\delta \beta^{*-\frac{1}{2}} \frac{\partial \beta^*}{\partial \delta} \Big] (2\beta^* - 4d\beta^* + 4d\beta^{*3}) = \Big[-(1-d)\frac{1}{4}\beta^{*-\frac{1}{2}} - \frac{3}{8}(1-d)\delta \beta^{*-\frac{5}{2}} \frac{\partial \beta^*}{\partial \delta} - \frac{5}{2}d\beta^{*\frac{1}{2}} + 24\theta d\beta^* \frac{\partial \beta^*}{\partial \delta} - \frac{15}{4}d\beta^{*\frac{1}{2}} - \frac{15}{8}d\delta \beta^{*-\frac{1}{2}} \frac{\partial \beta^*}{\partial \delta} \Big] (2\beta^* - 4d\beta^* + 4d\beta^{*3}) - \Big[(1-d)\frac{1}{2}\beta^{*-\frac{3}{2}} + \frac{5}{2}d\beta^{*\frac{1}{2}} \Big] 8 d\beta^{*3} \text{。}$$

当 d 较小时，有 $D<0$，因此有 $\frac{\partial \beta^*}{\partial \theta \partial \delta}<0$。据此得到如下结论：

结论8：在技术获取型海外并购双方制度距离较低的情形下，并购双方资源相似性互补性对最优目标方自主性程度选择具有负向交互作用。

至此，本章内容为前文理论机理部分提出的假设提供了数理支撑：结论1支持前文理论假设1；结合结论3至结论6，可以得到在技术获取型海外并购双方制度距离较低的情形下，并购双方资源相似性强互补性弱，则应匹配高整合程度和低目标方自主性程度，有利于并购后协同效应的实现，从而支持了前文理论假设1a；并购双方资源相似性弱互补性强，则应匹配低整合程度和高目标方自主性程度，有利于并购后协同效应的实现，从而支持了前文理论假设1b。结论7至结论8表明在技术获取型海外并购双方制度距离较低的情形下，并购双方资源相似性互补性对最优整合程度、目标方自主性程度的选择均具有负向交互作用，因此并购双方资源相似性强互补性强时应匹配较高整合程度和较高目标方自主性程度，有利于并购后协同效应的实现，支持理论假设1c。结论2表明在技术获取型海外并购双方制度距离较高的情形下，应选择低整合程度及高目标方自主性程度，有利于并购后协同效应的实现，支持前文理论假设2。

第五节　并购决策

比较技术获取型海外并购整合发生后并购方企业的价值 V 和未发生并购时企业价值 V_0，可知当下式满足时，技术获取型海外并购将会发生：

$$V - V_0 = \frac{R}{\sigma}(P\rho\varphi)^{\sigma-1}\{[1-d(1-\beta^2)][1+\theta(1-\beta^2) + \delta\beta^{\frac{1}{2}}]\}^{\sigma-1}\lambda - \frac{(1-\theta+\delta+d)^{\sigma-1}}{2}\lambda^2 - \frac{R}{\sigma}(P\rho\varphi)^{\sigma-1} > 0$$

$$(4-9)$$

解上述不等式可知整合程度的转换式 λ 必须满足

$$\frac{\frac{R}{\sigma}(P\rho\varphi)^{\sigma-1}\{[1-d(1-\beta^2)][1+\theta(1-\beta^2)+\delta\beta^{\frac{1}{2}}]\}^{\sigma-1} - \sqrt{\Delta}}{(1-\theta+\delta+d)^{\sigma-1}} <$$

$$\lambda < \frac{\frac{R}{\sigma}(P\rho\varphi)^{\sigma-1}\{[1-d(1-\beta^2)][1+\theta(1-\beta^2)+\delta\beta^{\frac{1}{2}}]\}^{\sigma-1} + \sqrt{\Delta}}{(1-\theta+\delta+d)^{\sigma-1}}$$

其中

$$\Delta = \{\frac{R}{\sigma}(P\rho\varphi)^{\sigma-1}\{[1-d(1-\beta^2)][1+\theta(1-\beta^2)+\delta\beta^{\frac{1}{2}}]\}^{\sigma-1}\}^2 - 2(1-\theta+\delta+d)^{\sigma-1}\frac{R}{\sigma}(P\rho\varphi)^{\sigma-1} > 0$$

由上文可知当技术获取型海外并购双方制度距离较低时，最优的

整合程度 $\lambda^* = \dfrac{\frac{R}{\sigma}(P\rho\varphi)^{\sigma-1}\{[1-d(1-\beta^2)][1+\theta(1-\beta^2)+\delta\beta^{\frac{1}{2}}]\}^{\sigma-1}}{(1-\theta+\delta+d)^{\sigma-1}}$

落在上述区间内，因此进行技术获取型海外并购进而通过整合提升企业生产率总是有利可图的；而当制度距离较高时，有整合程度 $\lambda >$

$$\frac{\dfrac{R}{\sigma}(P\rho\varphi)^{\sigma-1}\{[1-d(1-\beta^2)][1+\theta(1-\beta^2)+\delta\beta^{\frac{1}{2}}]\}^{\sigma-1}}{(1-\theta+\delta+d)^{\sigma-1}}, 因此当整$$

合程度满足 $\dfrac{\dfrac{R}{\sigma}(P\rho\varphi)^{\sigma-1}\{[1-d(1-\beta^2)][1+\theta(1-\beta^2)+\delta\beta^{\frac{1}{2}}]\}^{\sigma-1}}{(1-\theta+\delta+d)^{\sigma-1}} <$

$\lambda < \dfrac{\dfrac{R}{\sigma}(P\rho\varphi)^{\sigma-1}\{[1-d(1-\beta^2)][1+\theta(1-\beta^2)+\delta\beta^{\frac{1}{2}}]\}^{\sigma-1}+\sqrt{\Delta}}{(1-\theta+\delta+d)^{\sigma-1}}$ 时,

进行技术获取型海外并购进而通过整合提升企业生产率亦总是有利可图的。

最后,我们令式(4-9)对企业初始生产率的转换式 $\varphi^{\sigma-1}$ 求偏导,可以得到

$$\frac{\partial(V-V_0)}{\partial\varphi^{\sigma-1}} = \frac{R}{\sigma}(P\rho)^{\sigma-1}(\{[1-d(1-\beta^2)][1+\theta(1-\beta^2)+\delta\beta^{\frac{1}{2}}]\}^{\sigma-1}\lambda - 1) > 0$$

式(4-9)意味着技术获取型海外并购带来的企业价值的增量随着并购方企业初始生产率水平增加而增加,初始生产率更高的国内企业进行技术获取型海外并购的可能性更大。

第六节 本章小结

已有的研究认识到了海外并购后整合过程在并购价值创造中的重要性,并开始关注并购双方资源联系性在其中的作用。然而现有的研究大多以定性的理论研究为主,使用数学模型进行量化的文献甚为寥寥。本章节通过构建一个垄断竞争环境下异质性企业通过技术获取型海外并购整合提升生产率的模型,探讨技术获取型海外并购最优整合程度和目标方自主性程度应如何与并购双方资源相似性、互补性特征相匹配以实现并购后协同效应最大化,以及制度因素对

该匹配模式有效性的影响，从而补充这一研究领域的空白。通过模型得到的主要结论为：在技术获取型海外并购双方制度距离较低的情形下，并购双方资源相似性强互补性弱，则应匹配高整合程度和低目标方自主性程度，有利于并购后协同效应的实现；并购双方资源相似性弱互补性强，则应匹配低整合程度和高目标方自主性程度，有利于并购后协同效应的实现；并购双方资源相似性强互补性强，则应匹配较高整合程度和较高目标方自主性程度，有利于并购后协同效应的实现。而在技术获取型海外并购双方制度距离较高的情形下，应选择低整合程度及高目标方自主性程度，有利于并购后协同效应的实现。本章依据数理模型的构建和推导对前部分理论框架进行深入剖析并利用数学工具提供逻辑支撑，验证了理论章节部分提出的核心假设。在第五章中，我们将通过动态仿真的方法，对本章静态数学模型的结论进行有益的补充。

第 五 章

技术获取型海外并购整合与目标方自主性的动态仿真分析

在第四章中,我们通过构建一个垄断竞争环境下的数理模型,推导得出了技术获取型海外并购最优整合程度和目标方自主性程度应如何与并购双方资源相似性、互补性特征相匹配以实现并购后协同效应最大化,以及制度因素对该匹配模式有效性的影响,得到了一些有益的结论,对理论机理部分的若干核心假设提供了初步的支撑,但仍然存在一些改进的空间:

首先,数理模型的分析是将技术获取型海外并购双方的资源相似性与互补性割裂开来研究其分别对于整合程度、目标方自主性的影响,而未能直接指明相似性和互补性不同强弱组合下的整合策略。虽然我们能够通过对数理模型的结论进行推论来验证前文提出的理论假设,但无法直观地考察资源相似性和互补性同时变化、形成不同强弱组合下的整合策略选择,不得不说是一个缺憾。其次,数理模型的内容侧重于分析整合策略和并购双方资源联系性的对应关系,而未能很好地呈现这种匹配的整合策略对于并购协同效应的进一步影响。最后,数理模型仅分析了单个企业、单次、静态的整合过程,而无法描摹技术获取型海外并购整合动态性的本质。为了更好地解决以上问题,在本章中我们将采用多主体仿真模型来对技术获取型海外并购整合与目标方自主性问题进行进一步的研究和分析。

第一节 多主体仿真方法简介

多主体仿真（Multi-Agent Simulation，MAS）方法，指的是根据"自下而上"的思路，从复杂系统中具有一定社会性、自治性、应激性和主动性的主体出发，通过对主体及主体间的交互作用进行建模和仿真，将复杂系统内的微观行为和宏观现象有机结合起来的一种分析方法。在多主体仿真模型中，可以对每一个主体的运行规则进行设置，使其按照一定的规律运转，而系统整体则显示出有序的模式，呈现出演化的规律。基于多主体仿真的理论与分析技术能够改良基于数学模型的传统建模方式不能很好地刻画复杂系统的缺点，尤其适合对复杂性系统进行研究，目前该方法已在信息科学、工学、生物科学、医学、经济学、管理学等多学科领域得到了广泛的应用。

对于本书的研究对象和研究内容，技术获取型海外并购双方所处的经济环境属于复杂系统，这一复杂系统中的各个行为方，即并购方公司与目标方公司，符合主体的社会性、自治性、应激性和主动性特点，并且具有可自主选择的行为规则（整合策略），因此，应用多主体仿真方法，通过对该系统的环境与各个行为主体的相关属性及行为规则的刻画，探究在海外并购双方制度距离高低不同情形下，与不同资源相似性、互补性特征相匹配的技术获取型海外并购整合程度与目标方自主性对并购协同效应的作用机制和影响效果，具有较高的可行性，并且可以预期得到一些有益的研究结论。在计算机模拟仿真软件方面，本书采用 NetLogo 仿真平台基于第四章的数理模型进行仿真。NetLogo 仿真平台以 Logo 语言为基础编写，是适用于模拟自然和经济社会系统中各类复杂对象发展演化的一个编程语言和建模平台，研究人员可以同时控制多个主体的行为规则，从而了解宏观层面的群体现象。

第二节 仿真实验环境设置

本书选择一个由 33×33 网格组成的球面世界来模拟资源相似性、互补性条件下技术获取型海外并购双方进行整合的网络，在这个网络世界中，存在 100 个并购方主体和 100 个目标方主体随机分布在网格上。在每一个仿真时序内，并购方主体可以在网络世界中随机游走，体现为首先随机旋转 0—360 度的某个角度，然后前进一个步长（一个网格的边长），选择与其相邻的一个目标方主体作为潜在的整合目标，而目标方主体一旦产生后保持静止不动。当每一次并购方主体和目标方主体相遇，我们按照第四章中对于整合程度和目标方自主性程度的取值范围，在（1，5）区间内随机生成一个整合程度水平[①]，在（0，1）区间内随机生成一个目标方自主性水平。在制度距离高低不同情形下，对于不同的仿真实验组，分别设置整合发生时整合程度和目标方自主性程度需满足的不同条件，并根据第四章推导得到的式（4-3）为规则，计算此时整合带来的并购协同收益；若条件不满足，则整合不发生，并购方继续在网络中随机游走，寻找下一次整合机会。对于不同水平的资源相似性、资源互补性，我们分别计算和比较相同仿真步长内，采用不同的整合策略时，网络世界内 100 个并购方主体获得的总收益大小，从而得到为实现并购协同效应最大化应采取的对应最优整合程度及目标方自主性程度。考察多个并购方的总收益而非单个并购方的收益可以使我们排除单一企业、单次并购的随机性，使仿真的结果更客观。

---

① 虽然在第四章中，我们仅界定整合程度的范围为 T>1，但在（1，5）区间内已能够观察到并购协同效应的极值，因此我们认为这是一个较为合理的仿真观察区间。

第三节 仿真实验参数设置

我们根据第四章数理模型中各参数的取值范围对仿真实验中的参数进行数值设定。仿真实验用到的各个参数的符号、含义、参数性质见表5.1，综合考虑参数的经济含义和取值范围，对不同仿真实验核心参数和辅助参数进行设置，如表5.2、表5.3所示。

表5.1　　　　　　　　仿真实验参数含义与取值设定

参数符号	参数含义	参数性质
R	总支出水平	固定
P	总价格水平	固定
ρ	CES效用函数中的参数	固定
σ	产品替代弹性	固定
φ	并购方企业初始生产率水平	固定
d	制度距离	可变
θ	资源相似性	可变
δ	资源互补性	可变
T	整合程度	可变
β	目标方自主性程度	可变

表5.2　　　　　　　　仿真实验核心参数设置

资源相似性互补性	制度距离	并购整合策略	模型
1. 资源相似性强互补性弱时使得协同效应最大化的最优整合策略			
$\theta=0.8, \delta=0.2$	$d=0.2/$ $d=0.8$	$T\in(1,3]$, $\beta\in(0.5,1)$（低整合高自主性） $T\in(1,3]$, $\beta\in(0,0.5]$（低整合低自主性） $T\in(3,5)$, $\beta\in(0.5,1)$（高整合高自主性） $T\in(3,5)$, $\beta\in(0,0.5]$（高整合低自主性） $T\in(2,4)$, $\beta\in(0.25,0.75)$ （较高整合较高自主性）	1–5; 16–20

续表

资源相似性互补性	制度距离	并购整合策略	模型
2. 资源相似性弱互补性强时使得协同效应最大化的最优整合策略			
$\theta=0.2$, $\delta=0.8$	$d=0.2/$ $d=0.8$	$T\in(1,3]$, $\beta\in(0.5,1)$（低整合高自主性） $T\in(1,3]$, $\beta\in(0,0.5]$（低整合低自主性） $T\in(3,5)$, $\beta\in(0.5,1)$（高整合高自主性） $T\in(3,5)$, $\beta\in(0,0.5]$（高整合低自主性） $T\in(2,4)$, $\beta\in(0.25,0.75)$ （较高整合较高自主性）	6-10; 21-25
3. 资源相似性强互补性强时使得协同效应最大化的最优整合策略			
$\theta=0.8$, $\delta=0.8$	$d=0.2/$ $d=0.8$	$T\in(1,3]$, $\beta\in(0.5,1)$（低整合高自主性） $T\in(1,3]$, $\beta\in(0,0.5]$（低整合低自主性） $T\in(3,5)$, $\beta\in(0.5,1)$（高整合高自主性） $T\in(3,5)$, $\beta\in(0,0.5]$（高整合低自主性） $T\in(2,4)$, $\beta\in(0.25,0.75)$ （较高整合较高自主性）	11-15; 26-30

表 5.3　　　　　　　　　　仿真实验辅助参数设置

R	P	ρ	σ	φ	模型
2	2	1/2	2	2	1-30

如表 5.2 所示，仿真模型 1-5 用以检验在技术获取型海外并购双方制度距离较低（d=0.2）的情形下，若并购双方资源相似性强互补性弱，应匹配何种整合程度和目标方自主性程度使得并购协同收益最高。在模型 1 中，我们设置每一期仿真过程中，技术获取型海外并购整合的发生条件为整合程度 $1<T\leqslant3$，目标方自主性程度 $0.5<\beta<1$，这就意味着仿真实验的结果反映低整合程度、高目标方自主性程度策略下的并购协同收益。在模型 2-5 中，我们改变整合发生的条件，从而验证其他整合策略下的并购协同收益。通过横向

对比观察不同整合策略对应的并购协同收益，我们得以验证技术获取型海外并购双方资源相似性强互补性弱时，应匹配何种整合策略使得并购协同收益最高。同理，仿真模型 6-10 用以检验在技术获取型海外并购双方制度距离较低的情形下，若并购双方资源相似性弱互补性强，应匹配何种整合程度和目标方自主性程度使得并购协同收益最高；仿真模型 11-15 验证在技术获取型海外并购双方制度距离较低的情形下，若并购双方资源相似性强互补性强，应匹配何种整合程度和目标方自主性程度使得并购协同收益最高。仿真模型 16-20 与模型 1-5 的其他设置完全相同，只是考察技术获取型海外并购双方制度距离较高（d=0.8）的情形下的相关结论；仿真模型 21-30 以此类推。

经过观察，所有的仿真模型在进行到步长为 100 时，总收益值趋于稳定，因此，选取仿真实验的步长为 100，输出最终得到的总收益值。为了排除单次仿真实验的不稳定性，在没有特殊说明的情况下，后文呈现的所有模型均是重复运行 100 次，取输出结果的平均值进行展示和分析的结果。

第四节 制度距离较低情形下的仿真实验结果分析

一 资源相似性强互补性弱的仿真结果分析

我们考察在技术获取型海外并购双方制度距离较低的情形下，对于资源相似性强互补性弱对应的仿真模型 1-5，当采取不同的并购整合策略时，对应的并购后协同收益情况。图 5.1 为根据 NetLogo 软件输出的仿真结果绘制的在 100 个仿真步长内并购协同收益的取值。

可以看出，各个仿真模型的结果均在步长 100 以内达到稳定，其中采取高整合程度、低自主性程度策略时，稳定后的并购收益最高；

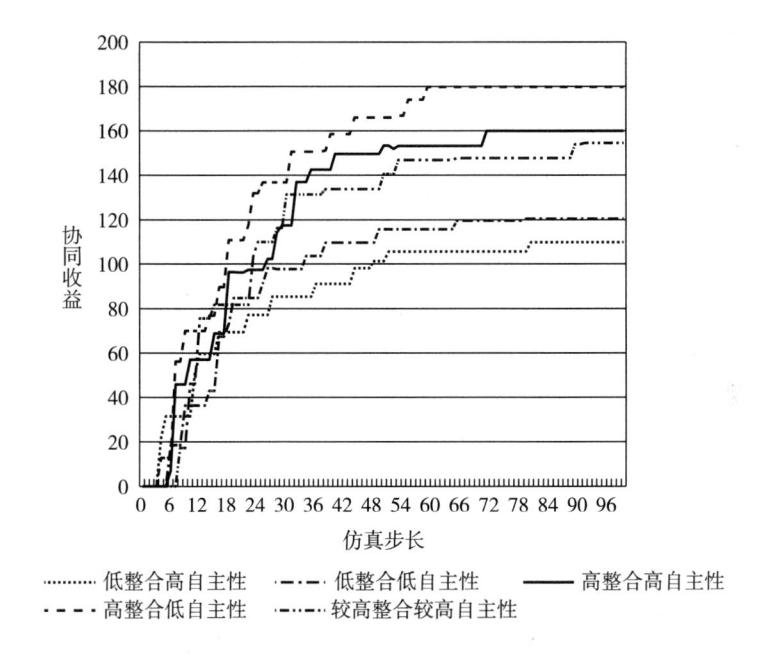

图 5.1 制度距离较低—资源相似性强互补性弱时不同整合策略下并购总收益仿真结果

采取低整合程度、高自主性程度策略时，稳定后的并购收益最低；采取高整合程度、高自主性程度策略，低整合程度、低自主性程度策略以及较高整合程度、较高自主性程度策略时，稳定后的并购收益介于前两种情形之间。因此，模型 1-5 的仿真结果为前文假设 1a 提供了来自仿真实验的验证：在技术获取型海外并购双方制度距离较低的情形下，并购双方资源相似性强互补性弱，则应匹配高整合程度和低目标方自主性程度，有利于并购后协同效应的实现。

二 资源相似性弱互补性强的仿真结果分析

在技术获取型海外并购双方制度距离较低的情形下，资源相似性弱互补性强对应的仿真模型 6-10，当采取不同的并购整合策略时，对应的并购后协同收益情况。图 5.2 为根据 NetLogo 软件输出的仿真结果绘制的在 100 个仿真步长内并购协同收益的取值。

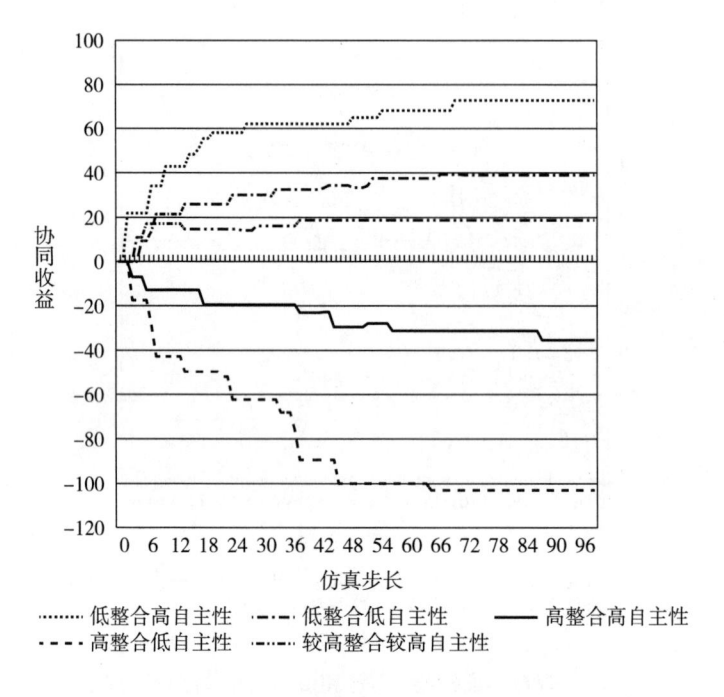

图 5.2　制度距离较低—资源相似性弱互补性强时不同
整合策略下并购总收益仿真结果

可以看出，各个仿真模型的结果均在步长 100 以内达到稳定，其中采取低整合程度、高自主性程度策略时，稳定后的并购收益最高；采取高整合程度、低自主性程度策略时，稳定后的并购收益最低；采取高整合程度、高自主性程度策略，低整合程度、低自主性程度策略以及较高整合程度、较高自主性程度策略时，稳定后的并购收益介于前两种情形之间。其中，高整合程度、低自主性程度以及高整合程度、高自主性程度两种策略对应的稳定后的并购协同收益甚至出现了为负的情况，意味着对于以资源互补性强为主要特征的海外并购，整合过度是导致协同效应获取失败的重要原因。因此模型 6-10 的仿真结果为前文假设 1b 提供了来自仿真实验的验证：在技术获取型海外并购双方制度距离较低的情形下，并购双方资源相似性弱互补性强，则应匹配低整合程度和高目标方自主性程度，有利于并购后协同效应的实现。

三 资源相似性强互补性强的仿真结果分析

在技术获取型海外并购双方制度距离较低的情形下,资源相似性强互补性强对应的仿真模型 11-15,当采取不同的并购整合策略时,对应的并购后协同收益情况。图 5.3 为根据 NetLogo 软件输出的仿真结果绘制的在 100 个仿真步长内并购协同收益的取值。

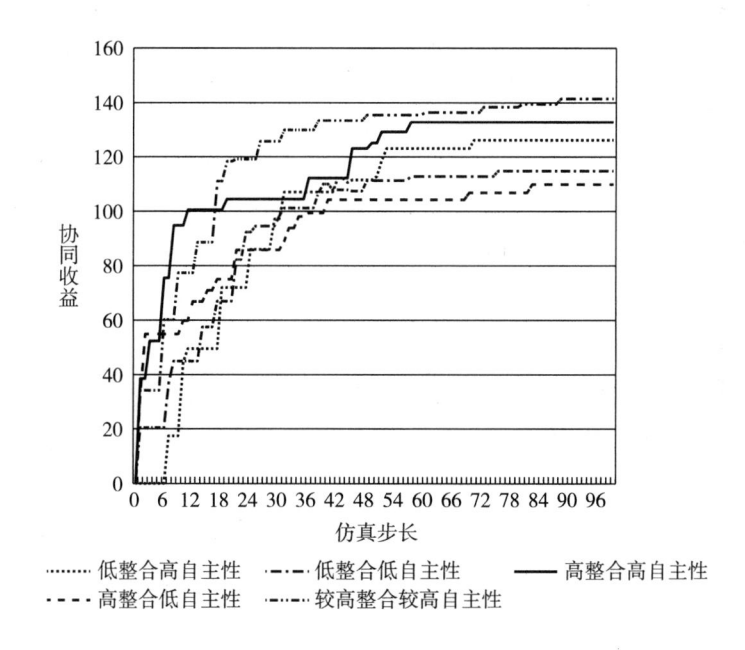

图 5.3 制度距离较低—资源相似性强互补性强时不同整合策略下并购总收益仿真结果

可以看出,各个仿真模型的结果均在步长 100 以内达到稳定,其中采取较高整合程度、较高自主性程度策略时,稳定后的并购收益最高;采取高整合程度、低自主性程度策略时,稳定后的并购收益最低;采取高整合程度、高自主性程度策略,低整合程度、低自主性程度策略以及低整合程度、高自主性程度策略时,稳定后的并购收益介于前两种情形之间。因此，模型 11-15 的仿真结果为前文假设 1c 提供了来自仿真实验的验证：在技术获取型海外并购双方制度距离较低的情形下，并购双方资源相似性强互补性强，则应匹配较高整合程度和较高目标方自主性程度，有利于并购后协同效应的实现。

第五节　制度距离较高情形下的仿真实验结果分析

现在，我们需要确定在技术获取型海外并购双方制度距离较高的情形下，使得并购后协同效应最大化的最优整合策略，以及这种策略是否如我们假设的那样，不受到海外并购双方资源相似性互补性特征的影响。为了实现这一目标，我们依次分析在技术获取型海外并购双方制度距离较高的情形下，针对并购双方资源相似性强互补性弱、资源相似性弱互补性强、资源相似性强互补性强三种资源特征选择不同的整合策略对于并购协同效应的影响，进而通过三种情况的横向比较得到有益的结论。

首先，对于资源相似性强互补性弱对应的仿真模型 16-20，观察当采取不同的并购整合策略时，对应的并购后协同收益情况。图 5.4 为根据 NetLogo 软件输出的仿真结果绘制的在 100 个仿真步长内并购协同收益的取值。

可以看出，各个仿真模型的结果均在步长 100 以内达到稳定，其中采取低整合程度、高自主性程度策略时，稳定后的并购收益最高；采取高整合程度、低自主性程度策略时，稳定后的并购收益最低；采取高整合程度、高自主性程度策略，低整合程度、低自主性程度策略以及较高整合程度、较高自主性程度策略时，稳定后的并购收益介于前两种情形之间。以上仿真结果向我们揭示了，在技术获取型海外并购双方制度距离较高的情形下，并购双方资源相似性

第五章 技术获取型海外并购整合与目标方自主性的动态仿真分析

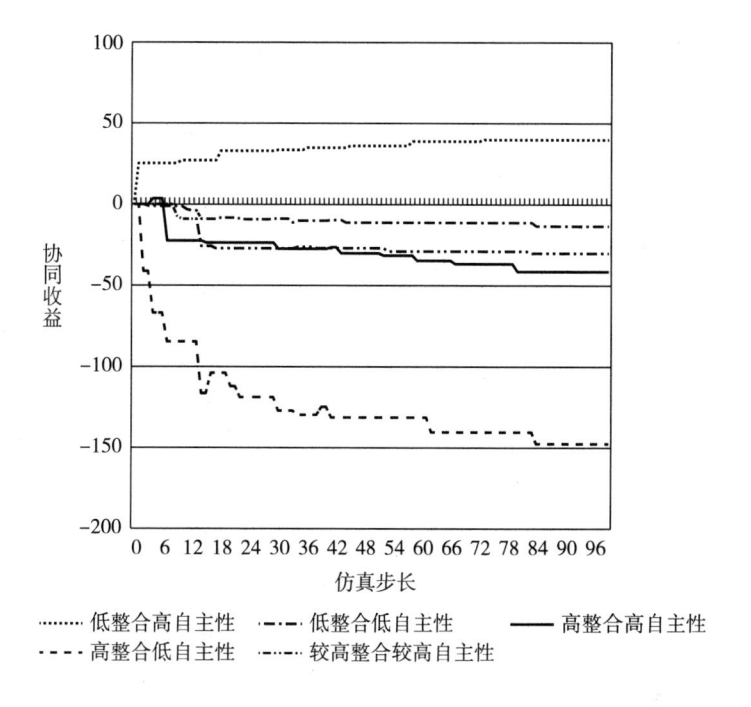

图 5.4　制度距离较高—资源相似性强互补性弱时不同整合策略下并购总收益仿真结果

强互补性弱，应选择低整合程度和高目标方自主性程度，有利于并购后协同效应的实现。

其次，对于资源相似性弱互补性强对应的仿真模型 21–25，观察当采取不同的并购整合策略时，对应的并购后协同收益情况。图 5.5 为根据 NetLogo 软件输出的仿真结果绘制的在 100 个仿真步长内并购协同收益的取值。

可以看出，各个仿真模型的结果均在步长 100 以内达到稳定，和图 5.4 中类似地，采取低整合程度、高自主性程度策略时，稳定后的并购收益最高；采取高整合程度、低自主性程度策略时，稳定后的并购收益最低；采取高整合程度、高自主性程度策略，低整合程度、低自主性程度策略以及较高整合程度、较高自主性程度策略时，稳定后的并购收益介于前两种情形之间。以上仿真结果向我们

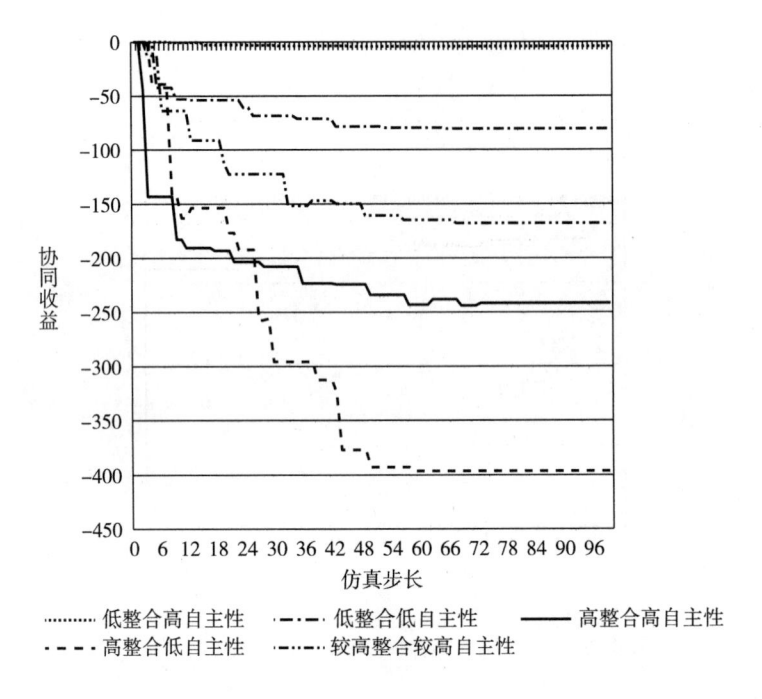

图 5.5　制度距离较高—资源相似性弱互补性强时不同
整合策略下并购总收益仿真结果

揭示了,在技术获取型海外并购双方制度距离较高的情形下,并购双方资源相似性弱互补性强,同样应选择低整合程度和高目标方自主性程度,有利于并购后协同效应的实现。

最后,对于资源相似性强互补性强对应的仿真模型 26-30,观察当采取不同的并购整合策略时,对应的并购后协同收益情况。图 5.6 为根据 NetLogo 软件输出的仿真结果绘制的在 100 个仿真步长内并购协同收益的取值。

可以看出,各个仿真模型的结果均在步长 100 以内达到稳定,和图 5.4 以及图 5.5 中类似地,采取低整合程度、高自主性程度策略时,稳定后的并购收益最高;采取高整合程度、低自主性程度策略时,稳定后的并购收益最低;采取高整合程度、高自主性程度策略,低整合程度、低自主性程度策略以及较高整合程度、较高自主

第五章 技术获取型海外并购整合与目标方自主性的动态仿真分析　99

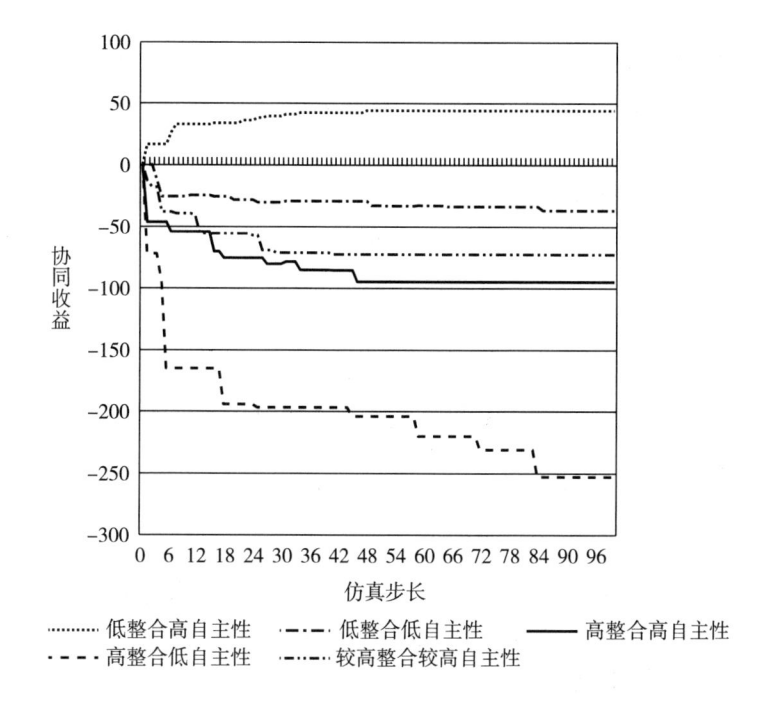

.... 低整合高自主性　　—·— 低整合低自主性　　—— 高整合高自主性
- - - 高整合低自主性　　—··— 较高整合较高自主性

**图 5.6　制度距离较高—资源相似性强互补性强时不同
整合策略下并购总收益仿真结果**

性程度策略时，稳定后的并购收益介于前两种情形之间。以上仿真结果向我们揭示了，在技术获取型海外并购双方制度距离较高的情形下，并购双方资源相似性强互补性强，同样应选择低整合程度和高目标方自主性程度，有利于并购后协同效应的实现。

现在，我们横向比较图 5.4 至图 5.6 展现的仿真结果，可以发现，在技术获取型海外并购双方制度距离较高的情形下，并购方总是选择低整合程度和高目标方自主性程度有利于并购后协同效应的实现，并且这种最优整合策略选择在并购双方不同资源相似性互补性的强弱组合下是稳健的，不受到并购双方资源特征的影响和约束。我们还发现，与图 5.1 至图 5.3 相比，图 5.4 至图 5.6 中出现了更多协同收益为负的结果。这表明了，在技术获取型海外并购双方制度距离较高的情形下，若不谨慎地采取温和的整合策略来对待并购中的制度因素带来的资源转移困难和摩擦，而选择除低整合程度和高目标方自主性程度以外的整合策略，将会严重地损害并购协同效应的获取。因此，以上仿真结果为前文假设 2 提供了来自仿真实验的验证：在技术获取型海外并购双方制度距离较高的情形下，选择低整合程度和高目标方自主性程度，有利于并购后协同效应的实现。

第六节 本章小结

本章采用多主体仿真的研究方法，在第四章数学模型推导得出的数理关系的基础上，通过对技术获取型海外并购整合仿真系统的环境与行为主体的相关属性及行为规则的刻画，探究在海外并购双方制度距离高低不同情形下，与资源相似性互补性不同强弱组合相匹配的技术获取型海外并购整合程度与目标方自主性对并购协同效应的作用机制和影响效果，为本书核心理论假设的验证提供了支持。动态仿真分析得到的结论为：在技术获取型海外并购双方制度距离较低的情形下，并购双方资源相似性强互补性弱，则应匹配高整合程度和低目标方自主性程度，有利于并购后协同效应的实现；并购双方资源相似性弱互补性强，则应匹配低整合程度和高目标方自主性程度，有利于并购后协同效应的实现；并购双方资源相似性强互补性强，则应匹配较高整合程度和较高目标方自主性程度，有利于并购后协同效应的实现。而在技术获取型海外并购双方制度距离较高的情形下，应选择低整合程度及高目标方自主性程度，有利于并购后协同效应的实现。本章内容深入地分析了在海外并购双方制度距离高低不同情形下，应如何选择最优的并购后整合程度与目标方自主性程度，并进一步观察了整合程度与目标方自主性程度对于并购后协同效应的影响，对第四章数理模型的研究形成了完善和补充。

第 六 章

技术获取型海外并购整合与目标方自主性的中外对比实证分析

建立在前文章节的基础上，本章将关注在技术获取型海外并购双方制度距离高低不同情形下，资源相似性互补性特征与整合程度、目标方自主性之间的匹配模式对并购协同效应影响的实证关系，对前文各核心假设进行实证检验。本章选取中国企业和韩国企业的技术获取型海外并购事件为样本进行对比实证分析，试图阐明在考虑了制度距离因素的技术获取型海外并购中，并购双方资源联系性、整合策略之间的相互匹配关系及其对于并购协同效应的影响，以及分析中国企业跨国并购和韩国企业跨国并购存在的差异，以期对技术获取型海外并购整合与目标方自主性研究做出更深入的探讨，同时填补现有文献从中外对比的角度进行实证研究的空白。本章结构安排如下：第一节阐述实证样本的筛选标准；第二节对研究涉及的各个变量的测度方法进行说明；第三节介绍实证模型的构建；第四节对实证研究的结果进行详细分析和讨论；第五节对本章内容进行小结。

第一节 样本和数据

为了检验前文假设，我们使用 2000—2013 年中国企业技术获取型海外并购和韩国企业技术获取型海外并购为样本进行中外对比实证分析。在获取海外并购事件方面，本书利用的是 BvD 系列数据库中的全球并购交易分析库（Zephyr）。Zephyr 是一个包含全球并购、首发（IPO）以及风险投资交易等信息的动态专业数据库，是全球报道当前并购交易最快、覆盖率最高的权威并购分析库，从中可以较为方便地查找到每一场并购的基本信息。通过 Zephyr 数据库，我们筛选出了发生在 2000 年 1 月 1 日至 2013 年 12 月 31 日化学制品业、计算机设备制造业、电子制品业、航空航天业、仪器制造业、通信设备制造业及软件制造业这七个行业的中国及韩国企业海外并购事件，原因是根据现有文献（Certo et al., 2001, Ranft and Lord, 2000），发生于上述七个两位数行业的并购被定义为技术并购。同时，考虑到发达国家企业标的往往拥有更为先进的技术和知识基础，契合本书对于技术获取型海外并购目标方的定义，因此将目标企业所属地限定在经合组织界定的 24 个发达国家，包括美国、法国、荷兰、德国、英国、瑞典、瑞士、比利时、加拿大、芬兰、挪威、意大利、奥地利、丹麦、澳大利亚、新西兰、希腊、冰岛、爱尔兰、卢森堡、葡萄牙、西班牙、日本、新加坡。此外，本书借鉴 Ahuja 和 Katila（2001）和 Makri 等（2010）的研究，查阅每一起并购的公司公告、公开声明、新闻报道、公司年报等，若明确提及并购是以获取某种技术为动机或涉及专利及技术的转让，则确定为技术获取型海外并购。如此，我们从并购的行业、区位、动因三个维度上共同识别、确保样本中的并购事件均为技术获取型海外并购。

  选取韩国企业和中国企业进行对比，主要原因在于，从三次产业比重、制造业附加值生产额、研发投入等指标来看，韩国仍未完全达到发达国家水平。目前，韩国国内技术水平在亚洲处于相对领先梯队，但和美国、日本等技术大国相比仍存在一定差距，具有通过海外并购实现技术提升的动机和空间，因而本书的理论适用于韩国企业技术获取型海外并购的研究；另外，韩国开展技术获取型海外并购的实践早于中国，加之韩国企业的现实情况与中国企业不同，因而开展中韩对比实证研究有助于丰富本书研究的结论。

中国企业技术获取型海外并购样本按照以下标准进行筛选：（1）并购方为中国企业[①]；（2）只选取标记状态为已完成的并购事件；（3）只选取并购获得股权在50%以上的事件；（4）剔除目标方企业为并购方企业设在海外的子公司的事件。给定这些筛选条件，Zephyr数据库共导出了130起中国企业技术获取型海外并购案例（见附录）。韩国企业技术获取型海外并购样本按照以下标准进行筛选：（1）并购方为韩国企业；（2）只选取标记状态为已完成的并购事件；（3）只选取并购获得股权在50%以上的事件；（4）剔除目标方企业为并购方企业设在海外的子公司的事件。给定这些筛选条件，我们得到了109起韩国企业技术获取型海外并购案例。

接下来，我们进一步通过BvD系列数据库中的全球上市公司分析库（Osiris）、wind数据库、国泰安CSMAR数据库、世界银行网站等，结合企业公告和年报，收集上述事件中数据可得的并购双方企业信息，包括其所属行业代码、所属国别、制度情况、企业财务情况等；通过中国专利数据库、佰腾网专利检索系统、韩国知识产权中心、欧洲专利数据库等搜索并购后企业的专利产出情况；通过企业公告、企业年报以及相关新闻资讯等信息来具体判断企业并购整合活动情况。排除无法获得齐全的基本信息的企业以及无法搜索到专利产出的企业，我们最终得到了共计64个数据完整的中国企业技术获取型海外并购样本和61个数据完整的韩国企业技术获取型海外并购样本进行实证分析。中韩样本按目标方国别和并购所属行业分布统计分别如表6.1、表6.2所示。

从海外并购的目标方国别来看，中国企业技术获取型海外并购绝大部分投向欧洲发达国家（65.6%），其后依次是北美洲（28.1%）、亚洲（4.7%）、大洋洲（1.6%）。欧美发达国家仍然是我国企业海外并购的主要目的地。韩国企业技术获取型海外并购则主

[①] 以上"中国企业"不包括香港、澳门、台湾地区。

表 6.1　中国样本分类统计表

目标方国别	亚洲	日本	3	4.7%
	欧洲	德国、法国、英国、荷兰、意大利、奥地利、瑞典、丹麦、比利时	42	65.6%
	北美洲	美国、加拿大	18	28.1%
	大洋洲	澳大利亚	1	1.6%
行业	化学制品业		7	10.9%
	计算机设备制造业		20	31.3%
	电子制品业		22	34.4%
	航空航天业		10	15.6%
	仪器制造业		2	3.1%
	软件制造业		3	4.7%

表 6.2　韩国样本分类统计表

目标方国别	亚洲	日本、新加坡	12	19.7%
	欧洲	德国、法国、英国、西班牙、挪威、荷兰、丹麦、瑞典	25	41.0%
	北美洲	美国	24	39.3%
行业	化学制品业		10	16.4%
	计算机设备制造业		9	14.8%
	电子制品业		16	26.2%
	航空航天业		9	14.8%
	仪器制造业		4	6.6%
	通信设备制造业		1	1.6%
	软件制造业		12	19.6%

要投向欧洲（41.0%）、北美洲（39.3%）和亚洲（19.7%）。韩国企业投向亚洲（日本、新加坡）的海外并购比例明显高于中国企业。从海外并购的行业来看，在中国企业技术获取型海外并购中位列前三位的分别是电子制品业（34.4%）、计算机设备制造业（31.3%）和航空航天业（15.6%），相较之下韩国企业技术获取型海外并购中位列前三位的则分别是电子制品业（26.2%）、软件制造业（19.6%）和化学制品业（16.4%）。

第二节　变量测度

一　资源相似性与互补性

在本小节中，资源相似性与互补性分别用产品、技术、文化三个维度来刻画，下面将具体说明产品相似性与互补性、技术相似性与互补性、文化相似性与互补性的测度方式。

（一）产品相似性与互补性

参照 Morck 等（1990）、Wang 和 Zajac（2007）的计算方法，我们考察并购双方企业的北美工业分类系统代码（NAICS）来定义并购方企业和目标方企业之间的产品相似性。如果两个企业的 NAICS 代码前四位相同，我们将产品相似性记为 1，产品互补性记为 0；如果前三位相同，产品相似性记为 0.75，产品互补性记为 0.5；如果前两位相同，产品相似性记为 0.5，产品互补性记为 1；如果第一位相同，产品相似性记为 0.25，产品互补性记为 0.75；如果两个企业的 NAICS 代码第一位不相同，产品相似性记为 0，产品互补性记为 0.25。数据来源于 BvD_Zephyr 数据库。

（二）技术相似性与互补性

本书采用 Makri 等（2010）的方法，用并购双方企业在技术专利方面的相似性与互补性程度来测度技术相似性与互补性。并购双方企业的技术相似性用技术获取型海外并购发生前五年并购双方处于相同专利类别下的专利数量来衡量。这个指标反映了两个企业在相同专利类别下研发技术的相似程度，即：

$$技术相似性 = \frac{并购双方相同专利类别下专利数}{并购双方专利总数} \times \frac{并购方相同专利类别下专利数}{并购方专利总数}$$

并购双方企业的技术互补性用海外并购发生前五年并购双方

处于相同的专利分布但在不同专利类别中的专利数量来衡量。这个衡量指标反映了两个企业间的整合潜力，反映了互补程度，即：

$$技术互补性 = \frac{并购双方相同专利分部下专利数}{并购双方专利总数} - \frac{并购双方相同专利类别下专利数}{并购双方专利总数} \times \frac{并购方相同专利分部下专利数}{并购方专利总数}$$

数据来源于中国专利数据库、佰腾网专利检索系统、韩国知识产权中心、欧洲专利数据库等。

（三）文化相似性与互补性

本书选取在并购文献中被广泛使用的 Hofstede（1980）国家文化维度模型构建指标来测度并购双方的文化相似性和互补性。Hofstede 的研究将国家文化划分为六个维度，分别是权力距离（Power Distance）、个人主义/集体主义（Individualism/Collectivism）、男性化/女性化（Masculinity/Femininity）、不确定性规避（Uncertainty Avoidance）、放纵/克制（Indulgence/Restraint）以及长期取向/短期取向（Long – term/Short – term）。采用汪茹燕（2015）的方法，首先，计算并购双方在权利距离、个人主义、男性化这三个维度上的文化距离，数值越小则表示文化相似性越高；其次，计算在不确定性规避、放纵、长期取向这三个维度上的文化距离，数值越大则表示文化互补性越高。根据计算而得的文化距离具体数值，利用五点李克特量表进行赋分，取值分别为 0、0.25、0.5、0.75、1，数值越高表示相似性或互补性程度越大。其中文化距离的计算方法参照 Kogut 和 Singh（1988）提出的公式：

$$文化距离 = \sum_{i=1}^{n} \frac{\{(I_{ij} - I_i)^2 / V_i\}}{n}$$

其中 I_{ij} 表示第 i 个文化维度在第 j 个目标方国家的 Hofstede 评分，

I_i 表示第 i 个文化维度在并购方国家（中国或韩国）的 Hofstede 评分，V_i 表示第 i 个文化的方差，n 表示测量的文化维度的个数。数据来源于 Hofstede 个人网站。

二 制度距离

制度距离在本书中指的是并购方和目标方所在国之间正式制度发展情况的差距，主要包括政治制度和经济制度两个方面。效仿黄新飞等（2013）的做法，我们构建了一个能够反映政治制度差异和经济制度差异两方面的制度距离指标体系，由14个指标构成。其中，政治制度采用世界银行发布的世界治理指数（Worldwide Governance Indicators, WGI）的6个分项指标（Kaufmann et al, 2009; Dikova, 2009），包括腐败控制（Control of Corruption）、政府效能（Government Effectiveness）、政治稳定与无暴力程度（Political Stability and Absence of Violence/Terrorism）、监管质量（Regulatory Quality）、法治（Rule of Law）、表达与问责（Voice and Accountability），每个指标得分区间在 -2.5—2.5，得分越高意味着制度建设越先进；经济制度采用美国传统基金会发布的经济自由度指数（Index of Economic Freedom, IEF）的8个分项指标（黄新飞等，2013），包括商业自由度（Business Freedom）、贸易自由度（Trade Freedom）、财政自由度（Fiscal Freedom）、政府支出（Government Size/Spending）、货币自由度（Monetary Freedom）、投资自由度（Investment Freedom）、金融自由度（Financial Freedom）、产权保护（Property Rights），每个指标得分区间在0—100，得分越高意味着经济制度自由度和先进性越好[①]。在采集完所有14个指标后，我们同样采用 Kogut - Singh 距离指数的构建方法（Kogut and Singh, 1988）来计算

---

① 本书删除了经济自由度指数中的另两个指标，其一是劳工自由度（Labor Freedom），原因是这一指标自2005年才开始计算，数据缺失较为严重；其二是免于腐败程度（Freedom from Corruption），原因是该指数与世界治理指标中的"腐败控制"指数重复。

并购双方在并购发生当年的制度距离：

$$\text{制度距离} = \sum_{i=1}^{n} \frac{\{(I_{i,j,t} - I_{i,t})^2 / V_{i,t}\}}{n}$$

其中 $I_{i,j,t}$ 表示年份 t 时第 i 个分项指标在第 j 个目标方国家的得分，$I_{i,t}$ 表示年份 t 时第 i 个分项指标在并购方国家（中国或韩国）的得分，$V_{i,t}$ 表示年份 t 时第 i 个分项指标的方差，n 表示测量的指标个数。数据来源于世界银行网站和美国传统基金会网站。

三　整合程度

借鉴 Kapoor 和 Lim（2007）的方法，我们通过公司年报、公告以及新闻资讯中的信息对样本中每一起并购的整合程度进行判定。设置一个二分变量，如果目标公司作为并购公司日常经营运作的一部分被整合，或并入并购公司某一部门，则整合程度取值为 1，表示海外并购双方进行了较深程度的整合；若目标公司被作为一个独立的经营单位运行（例如，会像"全资子公司"或"独立个体"一样运营），则此变量取值为 0。

四　目标方自主性

借鉴 Massimo 和 Ognjenka（2010）的方法，我们通过公司年报、公告以及新闻资讯中的信息对样本中每一起并购的目标公司核心管理层留任情况进行考察，以此为依据来判定并购公司给予目标公司的自主性程度。具体的方法是，观察海外并购完成后目标方先前 CEO 是否在整合后的公司出任管理层职务，如果目标公司的 CEO 被保留，则认为并购目标公司拥有较高的自主决策权力，目标方自主性取值为 1；反之，此变量取值为 0。

五　并购协同效应

实证研究的被解释变量为企业技术获取型海外并购后协同效应产出。在前文中，我们将并购协同效应定义为：并购方企业在对目标方企业进行并购后,通过资源的整合和重新配置活动获得的整体收益,包括财务层面的协同和非财务层面的协同两个方面。因而,本章将技术获取型海外并购协同效应划分为四个测量维度,包括技术协同、经营协同、管理协同、财务协同,以弥补前文数理模型和仿真研究章节仅考虑单一协同维度的不足。

(一)技术协同

接近、吸收、同化新技术并对这些获得的技术进行创新性地开发和利用是技术获取型海外并购的最主要战略目标,因此我们采用并购方企业并购后技术创新表现来衡量并购后技术协同这一变量。大量的研究表明,专利可以被看作企业新技术产出的外化形式,能够很好地衡量企业技术创新表现(Hall et al., 2001; Hitt et al., 1996; Mowery et al., 1998)。因此,在本书中我们采用并购方企业海外并购后次年相对于并购当年的专利申请数增长率情况对其技术创新表现,也即技术协同效应进行量化。中外企业专利数据来源于中国专利数据库、佰腾网专利检索系统、韩国知识产权中心、欧洲专利数据库等。

(二)经营协同

企业在海外并购后实现经营协同效应可以使企业实现规模经济,因此本书选取能够体现企业规模扩张的指标,即并购方企业并购后次年相对于并购当年的总资产增长率来衡量并购后经营协同这一变量。总资产增长率反映了企业资产的扩张速度,是衡量企业经营规模变动和经营状况的重要指标,还能够反映企业资产保值增值的情况以及企业的发展能力。较高的总资产增长率表示企业的经营发展状况良好。数据来源于企业年报、wind 数据库以及 Osiris 数据库。

(三)管理协同

企业在海外并购后实现管理协同效应可以提高企业的运营效率,使企业运作得更好,因此本书选取能够体现企业运营效率的指标,即并购方企业并购后次年相对于并购当年的总资产周转率的增长来衡量并购后管理协同这一变量。资产周转率表示了企业的营业收入能够在多长时间内覆盖企业的资产总额，体现了企业资产的运营能力、经营状况、管理水平以及企业的应变能力。总资产周转率高，表明企业对于资产的使用和管理效率高。数据来源于企业年报、wind 数据库以及 Osiris 数据库。

（四）财务协同

企业在海外并购后实现财务协同效应有利于降低企业财务风险，使企业利润增加，因此本书选取能够体现企业盈利能力提升的指标，即并购方企业并购后次年相对于并购当年的净利润增长率来衡量并购后财务协同这一变量。盈利能力始终是股东以及所有利益相关者关注的核心问题，是企业并购绩效的最重要衡量指标之一，体现了企业经营逐利的本质。而技术获取型海外并购获取的创新技术最终也将通过改进企业的生产率、成本集约和收益扩张，体现为企业利润水平的上升。因此，我们考虑财务协同这一变量，数据来源于企业年报、wind 数据库以及 Osiris 数据库。

六　控制变量

除了文中需要研究的解释变量之外，我们进一步考虑了除此之外其他可能影响技术获取型海外并购后协同绩效的控制变量，包括并购获取的股权比例以及并购支付方式。

（一）并购股权比例

金融领域的学者认为，并购过程中，并购事件自身的特征将影响并购协同价值的创造（Datta et al.，1992；King et al.，2004）。因此，我们首先控制并购股权比例这一变量，以并购方在技术获取型海外并购中所获得的股权比例来衡量。[①]

（二）并购支付方式

在并购的实施过程中，支付方式的选择是重要环节之一，它不仅

---

① 资料来源：Zephyr 数据库。

关系到并购后公司财务方面的整合效果，对于并购能否最终顺利实现也具有举足轻重的影响。因此，我们选取的第二个控制变量为并购支付方式，设置为二分变量，若以现金支付，则取值为 1，若为其他方式（包括股票支付、资产支付、承债支付及混合支付等），则取值为 0。①

模型中涉及的各个变量及其测量方法和数据来源总结如表 6.3 所示。

表 6.3　　　　　　　　　　模型变量设置

变量	测度方法	数据来源
产品相似性	利用并购双方 NAICS 代码进行度量	Zephyr 数据库
产品互补性	利用并购双方 NAICS 代码进行度量	Zephyr 数据库
技术相似性	Makri 等（2010）的量化公式	中国专利数据库、韩国知识产权中心网站等
技术互补性	Makri 等（2010）的量化公式	中国专利数据库、韩国知识产权中心网站等
文化相似性	利用 Hofstede 国家文化维度模型构建指标	Hofstede 个人网站
文化互补性	利用 Hofstede 国家文化维度模型构建指标	Hofstede 个人网站
制度距离	依据世界治理指数、经济自由度指数构建指标	世界银行网站、美国传统基金会网站
整合程度	目标方被整合进并购方日常经营运作的一部分为 1，被作为一个独立的经营单位运行为 0	企业年报、公告以及新闻资讯
目标方自主性	目标方 CEO 并购发生后被保留为 1，反之为 0	企业年报、公告以及新闻资讯
技术协同	并购发生后并购方专利产出的增长水平	中国专利数据库、韩国知识产权中心网站等
经营协同	并购发生后并购方总资产的增长水平	企业年报、wind 数据库以及 Osiris 数据库等
管理协同	并购发生后并购方总资产周转率的增长水平	企业年报、wind 数据库以及 Osiris 数据库等
财务协同	并购发生后并购方净利润的增长水平	企业年报、wind 数据库以及 Osiris 数据库等
并购股权比例	并购方在海外并购中所获得的股权比例	Zephyr 数据库
并购支付方式	并购方在海外并购中所采用的支付方式	Zephyr 数据库

① 资料来源：Zephyr 数据库。

变量的描述性统计如表6.4、表6.5所示。为了从数值上对比中国企业技术获取型海外并购和韩国企业技术获取型海外并购在资源相似性、互补性、制度距离、整合策略、并购协同效应等方面的差异，我们进一步对各变量的中韩样本均值进行成对T检验来考察两者是否具有显著差异，结果见表6.6。结合表6.4至表6.6呈现的信息可以看出，中国企业进行技术获取型海外并购普遍存在资源相似性较低、资源互补性较高的特征，而相比于中国企业，韩国企业在技术获取型海外并购中面临的资源相似性更高，资源互补性更低。韩国企业采取的并购后整合程度显著高于中国企业，同时给予目标方的自主性低于中国企业，但差距不显著。对于制度距离这一变量，中国企业的均值显著更高，意味着中国企业进行技术获取型海外并购时面临的与目标方国家之间的制度差异性更大。观察并购后协同效应变量，中国企业通过技术获取型海外并购获得的技术协同效应要显著高于韩国企业，在经营协同、管理协同、财务协同效应方面二者则没有显著差异。就并购支付方式来看，我国企业海外并购最主要的支付手段仍然为现金收购，远远落后于世界发达国家海外并购支付方式的发展，这在一定程度上可能与国内监管环境的限制以及资本市场发展尚未成熟等因素有关。而韩国企业海外并购的支付方式相对多样化。

表6.4 中国样本变量描述性统计

变量	均值	中位数	最小值	最大值	标准差
产品相似性	0.465	0.500	0.000	1.000	0.362
产品互补性	0.508	0.500	0.000	1.000	0.370
技术相似性	0.126	0.101	0.001	0.449	0.114
技术互补性	0.264	0.267	0.074	0.467	0.115
文化相似性	0.418	0.500	0.000	1.000	0.232
文化互补性	0.734	0.750	0.000	1.000	0.274
制度距离	8.076	8.200	3.569	11.862	1.756

续表

变量	均值	中位数	最小值	最大值	标准差
整合程度	0.469	0.000	0.000	1.000	0.503
目标方自主性	0.563	1.000	0.000	1.000	0.500
技术协同	0.440	0.174	-1.000	6.000	1.137
经营协同	0.207	0.138	-0.355	2.774	0.375
管理协同	0.074	0.049	-0.581	1.896	0.308
财务协同	0.376	0.186	-0.867	4.740	0.942
并购股权比例	0.864	1.000	0.501	1.000	0.204
并购支付方式	0.906	1.000	0.000	1.000	0.294

表6.5　　韩国样本变量描述性统计

变量	均值	中位数	最小值	最大值	标准差
产品相似性	0.537	0.750	0.000	1.000	0.400
产品互补性	0.377	0.250	0.000	1.000	0.334
技术相似性	0.180	0.170	0.007	0.475	0.129
技术互补性	0.199	0.182	0.092	0.487	0.097
文化相似性	0.381	0.250	0.000	1.000	0.389
文化互补性	0.451	0.750	0.000	1.000	0.365
制度距离	2.892	2.693	1.660	6.272	1.073
整合程度	0.541	1.000	0.000	1.000	0.502
目标方自主性	0.475	0.000	0.000	1.000	0.504
技术协同	0.239	0.145	-0.500	1.697	0.486
经营协同	0.186	0.097	-0.449	1.628	0.359
管理协同	0.133	0.102	-0.702	2.901	0.487
财务协同	0.333	0.244	-0.952	5.338	0.952
并购股权比例	0.942	1.000	0.510	1.000	0.131
并购支付方式	0.738	1.000	0.000	1.000	0.444

表6.6　　　　中韩变量均值显著性差异的 T 检验结果

变量	中国样本均值	韩国样本均值	T 检验
产品相似性	0.465	0.537	-1.055
产品互补性	0.508	0.377	1.299
技术相似性	0.126	0.180	-2.502**
技术互补性	0.264	0.199	3.423***
文化相似性	0.418	0.381	0.639
文化互补性	0.734	0.451	4.896***
制度距离	8.076	2.892	19.799***
整合程度	0.469	0.541	-2.523**
目标方自主性	0.563	0.475	0.970
技术协同	0.440	0.239	2.075**
经营协同	0.207	0.186	0.308
管理协同	0.074	0.133	-0.805
财务协同	0.376	0.333	0.255
并购股权比例	0.864	0.942	-0.803
并购支付方式	0.906	0.738	2.516**

注：*$p<0.10$；**$p<0.05$；***$p<0.01$（双侧检验）。

由于资源相似性、资源互补性、并购协同效应的构成指标个数较多，为了避免指标之间的多重共线性造成模型估计的影响，我们分别对资源相似性、资源互补性、并购协同效应评价体系的指标进行主成分分析，根据获得的主成分权重将资源相似性、资源互补性、并购协同效应分别简化为单一的指标。利用计量软件对上述变量进行主成分分析，采用累计方差贡献率达到80%以上的标准提取主成分（因为它们已经代表了绝大多数的信息），得到表6.7和表6.8的中韩样本主成分分析结果。

表 6.7 中国样本资源相似性、资源互补性、并购协同效应指标主成分分析结果

因子	总方差解释		
	特征值	贡献率（%）	累计贡献率（%）
资源相似性			
F_{CS1}	1.704	56.802	56.802
F_{CS2}	0.952	31.749	88.551
资源互补性			
F_{CC1}	1.376	45.873	45.873
F_{CC2}	1.037	34.563	80.436
并购协同效应			
F_{CSY1}	1.398	34.959	34.959
F_{CSY2}	1.016	25.405	60.365
F_{CSY3}	0.954	23.857	84.222

注：提取方法：主成分分析法。

表 6.8 韩国样本资源相似性、资源互补性、并购协同效应指标主成分分析结果

因子	总方差解释		
	特征值	贡献率（%）	累计贡献率（%）
资源相似性			
F_{KS1}	1.321	44.041	44.041
F_{KS2}	1.091	36.350	80.391
资源互补性			
F_{KC1}	1.484	49.481	49.481
F_{KC2}	0.917	30.563	80.044
并购协同效应			
F_{KSY1}	1.698	42.439	42.439
F_{KSY2}	1.075	26.872	69.311
F_{KSY3}	0.895	22.383	91.694

注：提取方法：主成分分析法。

可以看到，在中国样本中，资源相似性指标中共提取出两个主成分，分别记为 F_{CS1}、F_{CS2}，两个主成分的累计贡献率达到 88.551%；资源互补性指标中共提取出两个主成分，分别记为 F_{CC1}、F_{CC2}，两个主成分的累计贡献率达到 80.436%，并购协同效应指标中共提取出 3 个主成分，分别记为 F_{CSY1}、F_{CSY2}、F_{CSY3}，三个主成分的累计贡献率达到 84.222%。进一步地，根据上述主成分在主成分分析中的方差权重，可以计算出最终的中国样本资源相似性、资源互补性、并购协同效应指标 CS_i、CC_i 和 CSY_i，其中 i = 1, 2, …, 64 为样本个数。

$$CS_i = (1.305 \times 1.704 \times F_{CS1,i} + 0.976 \times 0.952 \times F_{CS2,i})/(1.704 + 0.952) = 0.837 F_{CS1,i} + 0.35 F_{CS2,i}$$

$$CC_i = (1.173 \times 1.376 \times F_{CC1,i} + 1.018 \times 1.037 \times F_{CC2,i})/(1.376 + 1.037) = 0.669 F_{CC1,i} + 0.437 F_{CC2,i}$$

$$CSY_i = (1.182 \times 1.398 \times F_{CSY1,i} + 1.008 \times 1.016 \times F_{CSY2,i} + 0.977 \times 0.954 \times F_{CSY3,i})/(1.398 + 1.016 + 0.954) = 0.491 F_{CSY1,i} + 0.304 F_{CSY2,i} + 0.277 F_{CSY3,i}$$

在韩国样本中，资源相似性指标中共提取出的两个主成分累计贡献率达到 80.391%；资源互补性指标中提取出的两个主成分累计贡献率达到 80.044%，并购协同效应指标中提取出的三个主成分累计贡献率达到 91.694%。同理，可以分析并计算出最终的韩国样本资源相似性、资源互补性、并购协同效应指标 KS_i、KC_i 和 KSY_i，i = 1, 2, …, 61。

$$KS_i = (1.149 \times 1.321 \times F_{KS1,i} + 1.045 \times 1.091 \times F_{KS2,i})/(1.321 + 1.091) = 0.629 F_{KS1,i} + 0.473 F_{KS2,i}$$

$$KC_i = (1.218 \times 1.484 \times F_{KC1,i} + 0.958 \times 0.917 \times F_{KC2,i})/(1.484 + 0.917) = 0.753 F_{KC1,i} + 0.366 F_{KC2,i}$$

$$KSY_i = (1.303 \times 1.698 \times F_{KSY1,i} + 1.037 \times 1.075 \times F_{KSY2,i} + 0.946 \times 0.895 \times F_{KSY3,i})/(1.698 + 1.075 + 0.895) = 0.603 F_{KSY1,i} + 0.304 F_{KSY2,i} + 0.231 F_{KSY3,i}$$

如此即可得到资源相似性、资源互补性和并购协同效应的单一指标,用于进行后续计量检验。各变量间的相关性系数如表6.9、表6.10所示。从表中我们可以判断,各变量间不存在过高的相关性($r<0.8$)。

表6.9　　　　　　　　　中国样本变量间相关系数

变量	1	2	3	4	5	6	7	8
资源相似性	1							
资源互补性	-0.451***	1						
制度距离	-0.150	0.046	1					
整合程度	-0.095	0.061	0.080	1				
目标方自主性	0.148	-0.089	-0.031	-0.245	1			
并购协同效应	-0.080	0.126	0.117	-0.405***	0.294**	1		
并购股权比例	0.027	-0.081	0.144	0.051	-0.077	-0.341***	1	
并购支付方式	0.059	-0.076	-0.103	-0.020	0.041	-0.033	-0.099	1

注:**$p<0.05$;***$p<0.01$(双侧检验)。

表6.10　　　　　　　　　韩国样本变量间相关系数

变量	1	2	3	4	5	6	7	8
资源相似性	1							
资源互补性	-0.525***	1						
制度距离	-0.100	0.252**	1					
整合程度	0.094	0.163	0.086	1				
目标方自主性	0.104	-0.099	-0.255**	-0.308**	1			
并购协同效应	0.176	-0.112	-0.123	0.084	0.180	1		
并购股权比例	-0.112	0.183	-0.217	-0.094	0.181	-0.033	1	
并购支付方式	-0.070	0.056	0.028	-0.288**	0.120	-0.424***	0.018	1

注:**$p<0.05$;***$p<0.01$(双侧检验)。

第三节　实证模型设定

本章实证模型的构建思路与前文理论机理一致，即验证在技术获取型海外并购双方制度距离高低不同情形下，资源相似性、资源互补性特征与并购整合程度、目标方自主性之间是否存在一种匹配关系，以提升并购后协同效应。现有文献对于匹配效应的检验主要采用带调节项的分层回归分析（Hierarchical regression methodology），该方法被广泛应用于对匹配效应的实证研究中（Venkatraman，1989；Hoffman et al.，1992；Carte and Russell，2003）。因此，对于中国和韩国样本，我们分别根据制度距离的高低，在其中位线处将总样本划分为两个子样，代表制度距离高和制度距离低两种不同情形。对每一个子样，运用分层回归分析方法，检验理论机理中提出的假设，即首先设置仅含解释变量和控制变量的基础模型，然后设置加入整合程度、目标方自主性与资源相似性、资源互补性交互项后的改进模型，通过观察交互项的系数来验证关于匹配效应的假设。对每一个连续模型进行检验，可以评估新增变量是否明显增强了前一个模型的解释能力，因而可以在计量上证实匹配效应的存在（Stock and Tatikonda，2008）。为了将多重共线性问题的影响降至最低，得到无偏的参数估计，所有涉及交互项的解释变量都先进行均值中心化处理后再进入模型（Jaccard and Turrisi，2003）。

第四节　实证结果分析

一　中国样本实证结果分析

如表6.11所示，对于64个中国企业技术获取型海外并购样本，我们首先按照制度距离这一变量的高低，在其中位线处将总样本划分为制度距离较低（N=32）和制度距离较高（N=32）的两个子样。对于制度距离较低的一组子样，设置基础模型1和加入交互项的模型2；对于制度距离较高的一组子样，设置基础模型3和加入交互项的模型4。

表6.11　　　　　　　　　中国样本分层回归结果

变量	制度距离低 模型1	制度距离低 模型2	制度距离高 模型3	制度距离高 模型4
常数项	0.508 (0.846)	0.173 (0.398)	1.609** (2.621)	1.464* (1.734)
资源相似性	-0.125 (-1.212)	-0.041 (-0.245)	0.087 (0.600)	0.238 (0.787)
资源互补性	0.020 (0.137)	-0.170 (-1.128)	0.123 (0.892)	0.219 (0.481)
整合程度	-0.280 (-1.444)	-0.289 (-1.694)	-0.668*** (-3.374)	-0.787*** (-3.133)
目标方自主性	0.003 (0.015)	0.306 (1.668)	0.500** (2.525)	0.596* (1.821)
资源相似性×整合程度		0.645** (2.626)		-0.261 (-0.569)
资源互补性×整合程度		0.418 (1.453)		0.006 (0.012)
资源相似性×目标方自主性		-0.328* (-1.752)		-0.052 (-0.125)
资源互补性×目标方自主性		0.534** (2.324)		-0.166 (-0.370)
资源相似性×资源互补性×整合程度		-0.115 (-0.395)		-0.162 (-0.853)

续表

变量	制度距离低		制度距离高	
	模型1	模型2	模型3	模型4
资源相似性×资源互补性×目标方自主性		0.199 (0.704)		0.088 (0.151)
并购股权比例	-0.793* (-1.916)	-0.283 (-0.884)	-1.452** (-2.639)	-1.443* (-1.985)
并购支付方式	0.243 (0.443)	0.089 (0.228)	-0.182 (-0.676)	-0.056 (-0.155)
R^2	0.231	0.714	0.579	0.613
调整的 R^2	0.047	0.533	0.478	0.368
F值	1.253	3.946***	5.728***	2.506**

注：*$p<0.10$；**$p<0.05$；***$p<0.01$（双侧检验）；括号内为t检验值。

首先，观察制度距离较低的子样中的回归结果。在不包含匹配效应项的基础模型1中，仅有并购股权比例这一控制变量的系数是显著的（$\beta=-0.793$，$p<0.1$），表明当对技术获取型海外并购的目标方持股比例相对较低时，能够取得更好的并购后协同绩效，而我们关注的主要解释变量整合程度、目标方自主性对并购协同效应并没有显著的直接影响。先前研究对于整合与并购结果之间的关系没有得到一致的结论，表明整合程度和目标方自主性的选择对于并购表现的影响是有利有弊的（Cording et al., 2008; Teerikangas & Very, 2006）。通过实证模型得到的结果与先前研究的观点以及本书理论假设的思路是一致的，即在技术获取型海外并购双方制度距离较低的情形下，整合策略对于并购后协同效应的影响方向可能不同，有正有负，应与并购双方资源条件合理匹配方能实现协同效应的提升。我们将在下文对此进行进一步的深入分析。

进一步关注模型2中的结果，在引入资源相似性、资源互补性与整合程度、目标方自主性的交互匹配项后，模型整体的 R^2 得到了显著的提升，显示整体拟合优度增强。F 检验的结果也表明，包含匹配变量的模型与基础模型相比在解释力方面有了提升。具体来看交互项的系数，统计上显著的交互项表明两个变量显示出匹配，而且这种匹配会影响被解释变量（Stock and Tatikonda，2008）。资源相似性与整合程度的交互项对并购后协同效应的影响系数显著为正（$\beta = 0.645$，$p < 0.05$），资源相似性与目标方自主性的交互项对并购后协同效应的影响系数显著为负（$\beta = -0.328$，$p < 0.1$），表明在技术获取型海外并购双方制度距离较低的情形下，当资源相似性强互补性弱时，匹配高整合程度、低目标方自主性有利于并购后协同效应的实现，因此为前文假设 1a 的证实提供了依据。资源互补性与目标方自主性的交互项对并购后协同效应的影响系数显著为正（$\beta = 0.534$，$p < 0.05$），表明当资源相似性弱互补性强时，匹配高目标方自主性有利于并购后协同效应的实现，因此假设 1b 得到了部分验证。然而本书并未发现在制度距离较低的中国子样中，资源互补性与整合程度的交互项对并购后协同效应的显著影响。先前有研究指出，通过高程度的整合实现结构的统一和系统的同质化对于实现互补性的潜在价值来说是必要的（Kapoor and Lim，2007）。我们认为，之所以会出现这一不显著的结果，可能在于整合一方面使互补性资源紧密结合进而创造创新价值，另一方面却带来较大的摩擦成本破坏了目标方的技术创新能力，两种相反方向的作用力导致资源互补性与整合的交互作用对并购后协同收益产生的影响不显著。中国企业进行技术获取型海外并购时，面临更高的并购双方资源互补性，对于整合的权衡显得更为矛盾。为了对资源相似性互补性均强时整合策略的选择进行验证，我们在模型 2 中亦添加了资源相似性、互补性、整合程度三者交互项以及资源相似性、互补性、目标方自主性三者交互项，以期考察资源相似性互补性的交互作用与最优整合程度、自主性程度的匹配，来验证假设 1c。实证研究结果表明，资源相似性、互补性、整合程度三者交互项的系数均为负，与预期一致，但未能通过显著性检验；资源相似性、互补性、目标方

自主性三者交互项的系数同样未能通过显著性检验。因而假设1c并未得到很好的验证，中国样本中资源相似性互补性对整合程度以及目标方自主性选择的交互作用不明显。

其次，观察制度距离较高的子样中的回归结果。在仅包含核心解释变量和控制变量的基础模型3中，除并购股权比例这一控制变量的系数显著（$\beta = -1.452$，$p < 0.05$）之外，整合程度对并购后协同效应呈现出显著的负向影响（$\beta = -0.668$，$p < 0.01$），目标方自主性对并购后协同效应呈现出显著的正向影响（$\beta = 0.500$，$p < 0.05$），因而支持了前文理论假设2，即在技术获取型海外并购双方制度距离较高的情形下，选择低整合程度及高目标方自主性程度有利于并购后协同效应的实现。而对比引入资源相似性、互补性与整合程度、目标方自主性的交互匹配项后的模型4，无论从模型调整的R^2还是F检验值的角度来看，模型4并不比模型3拥有更强的解释力度。在模型4中，整合程度和目标方自主性对并购后协同效应仍然分别具有显著的负向直接影响和正向直接影响（$\beta = -0.787$，$p < 0.01$；$\beta = 0.596$，$p < 0.1$），并且加入的各个交互项系数均不显著，再一次印证了在技术获取型海外并购双方制度距离较高的情形下，选择低整合程度及高目标方自主性程度有利于并购后协同效应的实现，这种单方向的效应并不受到并购双方资源相似性、互补性强弱条件的影响。

在理论机理章节，我们分析了在技术获取型海外并购双方制度距离高低不同情形下，整合策略的选择有着不同的内在机制，进而提出了带匹配效应的假设1和不带匹配效应的假设2。虽然，到目前为止的实证结果为理论假设的验证提供了较好的支持，但我们仍然感兴趣的是，以上按照制度距离高低分子样的回归结果的系数究竟在多大程度上是具有显著差异的；或者说，回归系数观察值的差异究竟是由随机效应产生的，还是确实是由于制度高低不同对应的子样具有不同的内在性质产生的。我们通过对模型1、模型3以及模型2、模型4进行邹至庄检验（Chow test）来解决上述问题。Chow test

的原假设是样本中回归系数观察值的差异是由随机效应而非系统性差别产生的（Chow，1960；Hardy，1992）。如果邹至庄检验的结果是拒绝原假设，那么说明对于同一个回归模型，以制度距离的高低为分界，其结构确实发生了变化。表 6.12 给出了 Chow test 结果。可以看到，模型 1、模型 3 以及模型 2、模型 4 成对组合的 F 检验值均显著，因此拒绝原假设，即回归系数的差异是系统性差别造成的而非随机效应造成的。这样的结果表明整合程度和目标方自主性对于并购协同效应的影响在制度距离高低不同情况下确实存在显著不同，帮助我们再一次印证了前述假设。

表 6.12　模型 1、模型 3 以及模型 2、模型 4 成对组合的 Chow test 结果（F 值）

Chow test	模型 1/模型 3	模型 2/模型 4
	1.907*	1.724*

注：* $p<0.10$；** $p<0.05$；*** $p<0.01$。

二　韩国样本实证结果分析

如表 6.13 所示，对于 61 个韩国企业技术获取型海外并购样本，我们首先按照制度距离这一变量的高低，在其中位线处将总样本划分为制度距离较低（N=30）和制度距离较高（N=31）的两个子样。对于制度距离较低的一组子样，设置基础模型 5 和加入交互项的模型 6；对于制度距离较高的一组子样，设置基础模型 7 和加入交互项的模型 8。

韩国样本的分子样检验结果整体上要优于中国样本。首先，观察制度距离较低的子样中的回归结果。在仅包含核心解释变量和控制变量的基础模型 5 中，同样只有并购支付方式这一变量系数显著为负（$\beta=-1.236$，$p<0.01$），表明较高比例的现金支付方式往往不利于并购协同收益的产生。事实上，由现金、债务承担和股权收购

表 6.13　　　　　　　　韩国样本分层回归结果

变量	制度距离低 模型 5	制度距离低 模型 6	制度距离高 模型 7	制度距离高 模型 8
常数项	1.675 (1.288)	0.351 (0.662)	0.235 (0.355)	-0.253 (-0.553)
资源相似性	-0.001 (-0.004)	0.300 (1.183)	0.121 (0.744)	-0.184 (-1.405)
资源互补性	0.017 (0.090)	0.158 (0.872)	0.095 (0.592)	0.233 (1.634)
整合程度	0.209 (0.715)	-0.063 (-0.356)	-0.153 (-0.701)	-0.127 (-0.742)
目标方自主性	-0.052 (-0.171)	-0.142 (-1.166)	1.055*** (5.123)	0.512*** (3.051)
资源相似性×整合程度		0.731** (2.187)		0.800*** (3.454)
资源互补性×整合程度		-0.543*** (-3.348)		0.022 (0.100)
资源相似性×目标方自主性		-0.882*** (-3.736)		0.167 (0.629)
资源互补性×目标方自主性		0.396** (2.367)		-0.424 (-1.222)
资源相似性×资源互补性×整合程度		0.169 (0.547)		-0.370 (-0.995)
资源相似性×资源互补性×目标方自主性		-0.433*** (-3.490)		-1.422*** (-3.867)
并购股权比例	-0.779 (-0.604)	0.049 (0.097)	-0.471 (-0.740)	0.162 (0.362)
并购支付方式	-1.236*** (-3.809)	-0.331** (-2.236)	-0.207 (-0.930)	-0.453*** (-3.066)
R^2	0.484	0.947	0.584	0.884
调整的 R^2	0.350	0.909	0.480	0.806
F 值	3.601**	25.063***	5.606***	11.405***

注：* $p<0.10$；** $p<0.05$；*** $p<0.01$（双侧检验）；括号内为 t 检验值。

等组成的混合支付方式更符合国际惯例，现金支付通常会对企业的未来现金流产生一定的影响。本书主要关注的解释变量整合程度、目标方自主性对并购后协同效应并不存在显著影响。而观察引入资源相似性、资源互补性与整合程度、目标方自主性的交互匹配项后的模型6，模型 R^2、调整的 R^2 以及 F 检验都出现了大幅提升，表明新加入的匹配变量对于模型具有很强的解释力度。具体而言，资源相似性与整合程度的交互项对并购后协同效应的影响系数显著为正（$\beta = 0.731$，$p < 0.05$），资源相似性与目标方自主性的交互项对并购后协同效应的影响系数显著为负（$\beta = -0.882$，$p < 0.01$），表明在技术获取型海外并购双方制度距离较低的情形下，当资源相似性强互补性弱时，匹配高整合程度、低目标方自主性有利于并购后协同效应的实现，因此为假设1a的证实提供了依据。资源互补性与整合程度的交互项对并购后协同效应的影响系数显著为负（$\beta = -0.543$，$p < 0.01$），资源互补性与目标方自主性的交互项对并购后协同效应的影响系数显著为正（$\beta = 0.396$，$p < 0.05$），表明当资源互补性强相似性弱时，匹配低整合程度、高目标方自主性有利于协同效应的实现，因此假设1b得到了验证。资源相似性、资源互补性、目标方自主性三者交互项系数显著为负（$\beta = -0.433$，$p < 0.01$），表明资源相似性互补性对于最优目标方自主性程度的选择具有负向交互作用，当资源相似性与互补性均强时，匹配较高目标方自主性有利于并购后协同效应的实现，因而假设1c亦得到了部分的验证。

其次，观察制度距离较高的子样中的回归结果。在仅包含核心解释变量和控制变量的基础模型7中，目标方自主性对并购后协同效应呈现出非常显著的正向影响（$\beta = 1.055$，$p < 0.01$），而整合程度对并购后协同效应虽然呈现出负向影响却不显著，因此前文理论假设2仅能得到部分支持，即在技术获取型海外并购双方制度距离较高的情形下，选择高目标方自主性程度有利于并购后协同效应的实现。该结论与我们的预期相比是不完善的，因而有必要针对引入

资源相似性、互补性与整合程度、目标方自主性交互匹配项后的模型 8 进行进一步的分析。与中国样本中的情况不同的是，模型 8 与模型 7 相较无论是模型调整的 R^2 还是 F 检验值都有了进一步的提升，表明在考虑了匹配效应项后，模型的解释力度更强。具体来说，在模型 8 中，目标方自主性对并购后协同效应仍然存在显著的正向直接影响（$\beta=0.512$，$p<0.01$），除此之外，还存在资源相似性与整合程度的交互项系数显著为正（$\beta=0.800$，$p<0.01$），以及资源相似性、资源互补性、目标方自主性三者交互项系数显著为负（$\beta=-1.422$，$p<0.01$），意味着除了直接影响效应外，整合程度、目标方自主性还存在与资源相似性互补性的部分匹配效应。对于这样的结果，我们认为，一个合理的解释在于，相比于中国企业，韩国海外并购企业在整体上所面临的与目标方之间的制度距离要小得多（从表 6.4 至表 6.6 可见），因而即使将韩国企业全样本按照制度距离这一变量的相对高低划分为两个子样，则"制度距离相对较高"的子样中，海外并购双方间实际制度距离仍然是偏低的，致使韩国样本中两个子样在统计检验上都一定程度地表现出在制度距离较低的情形下才应该出现的整合策略和资源联系性的匹配效应，只不过在制度距离相对较低的子样中这种匹配效应更强烈，而制度距离相对较高的子样中这种匹配效应只是部分显著，但并没有像中国样本中那样，检验出整合策略对于并购协同效应的完全单方向的影响。

同样地，我们也进一步通过对模型 5、模型 7 以及模型 6、模型 8 进行 Chow test 来观察以上模型回归系数观察值的差异是由随机效应还是系统性差别产生的。表 6.14 给出了 Chow test 结果。可以看到，模型 5、模型 7 以及模型 6、模型 8 成对组合的 F 检验值均显著，表明在韩国样本中，虽然制度距离这一变量的高低区分度不高，但不同的子样统计结果确实是存在显著差异的，对本书理论的内在逻辑提供了支撑。

表 6.14　　　模型 5、模型 7 以及模型 6、模型 8 成对组合的
Chow test 结果（F 值）

Chow test	模型 5/模型 7	模型 6/模型 8
	3.968***	7.096***

注：*p<0.10；**p<0.05；***p<0.01。

三　中外对比结论启示

通过对中国企业技术获取型海外并购样本和韩国企业技术获取型海外并购样本进行的对比实证分析，主要得到如下结论与启示：

从海外并购双方的特征来看，中国企业进行技术获取型海外并购普遍存在并购双方资源相似性较低、资源互补性较高的特点，而相比于中国企业，韩国企业在技术获取型海外并购中面临的资源相似性更高，资源互补性更低，尤其是在技术资源层面上。同时，韩国海外并购企业与目标国企业之间的制度距离整体上都是相对较小的，而中国海外并购企业则面临与目标国企业之间更大的制度差距。

就并购实施阶段的支付方式来看，目前我国企业海外并购的支付方式仍以现金支付为主，大大落后于世界发达国家海外并购支付方式的发展，这在一定程度上可能与国内监管环境的限制以及资本市场发展尚未成熟等因素有关。而韩国企业海外并购的支付方式相对多样化。

在并购后整合行为方面，韩国企业采取的平均并购后整合程度显著高于中国企业，给予目标方的平均自主性低于中国企业，但差距不显著。对于并购后协同效应，中国企业通过技术获取型海外并购获得的技术协同要显著高于韩国企业，在经营协同、管理协同、财务协同等方面二者则没有显著差异。

对于本书最为关心的核心理论假设的检验，中外对比实证的结果显示：目前中国技术获取型海外并购企业面临的海外并购制度距离整体上较高，此时采取低整合程度和高目标方自主性的温和的并

购后整合策略能够有利于并购协同效应的实现；而当面临的海外并购制度距离较低时，整合策略的选择与海外并购双方资源联系性之间具有一种匹配效应。中国企业面对海外并购中资源相似性强的情形已形成了一套行之有效的整合策略以促进并购协同效应实现，而如何在海外并购中资源互补性强的情形下选择合适的整合程度对中国企业来说依然是一个挑战。相较而言，韩国技术获取型海外并购企业面临的海外并购制度距离整体上低很多，韩国企业通过并购双方资源联系性与整合策略的匹配，较好地促进了海外并购企业协同效应的实现。具体来说，当技术获取型海外并购双方资源相似性强，匹配高整合程度和低目标方自主性，有利于并购协同效应实现；当技术获取型海外并购双方资源互补性强，匹配低整合程度和高目标方自主性，有利于并购协同效应实现；当技术获取型海外并购双方资源相似性、互补性均强时，相似性、互补性对最优目标方自主性程度的选择具有负向交互作用，此时匹配较高目标方自主性，有利于并购协同效应实现。可以预见的是，随着国内制度体系的进一步完善和演进，我国企业在未来进行技术获取型海外并购的进程中，与发达目标方国家之间的制度距离将会进一步缩小，因此参照韩国样本的对比结论，未来中国并购方企业应更加注重并购后阶段整合策略与海外并购双方资源特性的合理匹配，以更好地促进并购后协同效应实现。总体来说，中国样本和韩国样本的综合实证结果为前文假设 1a、假设 1b、假设 1c 和假设 2 提供了较好的支撑。

第五节　本章小结

本章的主要研究目的在于实证性地检验在技术获取型海外并购双方制度距离高低不同情形下，并购双方资源相似性、互补性特征与整合程度、目标方自主性之间的相互匹配关系以及对于并购协同效应的影响，以及考察中国企业跨国并购和韩国企业跨国并购存在的差异，以期对技术获取型海外并购整合与目标方自主性研究做出更深入的探讨。本章使用2000—2013年64起中国企业技术获取型海外并购和61起韩国企业技术获取型海外并购事件为样本进行对比实证分析，验证了前文提出的核心假设。在第七章中，我们将甄选若干具有代表性的中国企业技术获取型跨国并购典型案例进行更为详尽地描述和分析，通过案例研究为本书理论假设提供更有力的支持。

第七章

技术获取型海外并购整合与目标方自主性的案例分析

在本章中，我们将采选若干中国技术获取型海外并购典型案例进行深入探究，对中国企业技术获取型海外并购的一些现状进行更为直观的分析，从而对理论假设提供进一步的支撑。为了通过案例分析说明在技术获取型海外并购双方制度距离高低不同情形下，资源联系性与整合策略之间的匹配模式及其对于并购后协同效应的影响，本书根据数据资料的可得性和完备性，2000—2013年中国企业技术获取型海外并购样本库（见附录）中选取了上海电气并购高斯国际、中联重科并购CIFA、中鼎股份并购COOPER、TCL并购汤姆逊、沈阳机床并购希斯公司五起案例进行研究。这五起案例分别代表了并购双方制度距离高低不同、并购双方资源联系性特征不同的几种情况，对应不同的发达目标方国家，处于不同的技术行业，并购方主体有国有企业也有民营企业，且均是在业界具有一定知名度和影响力的海外并购案例。对于每一起案例，通过介绍其发生背景、提炼并购双方的资源和制度特征、分析并购后整合策略以及评估并购后协同绩效，通过案例间横向对比，总结成功经验和失败教训，印证前文理论。

第一节 上海电气并购高斯国际

一 上海电气并购高斯国际背景

上海电气集团股份有限公司（下称上海电气）诞生于1880年，是一个装备制造业集团，旗下拥有多个产业集团，涉及电站、机电一体化、机床、轨道交通、重工、印刷机械、电梯、环保等。上海电气在印刷机械制造领域拥有"联合舰队"的美名，此得名源于上海电气集团旗下众多的公司，特别是上海电气印刷包装机械集团，是上海电气集团旗下的强势产业板块，为国内印刷机械龙头。为寻求自身发展，上海电气印刷包装机械集团陆续收购了多家国内外公司，比较著名的有日本秋山国际、上海紫光、上海光华等，不断提升技术竞争力，稳固自身在业内的龙头老大地位。

高斯国际1885年创建于美国波士顿，与曼罗兰、高宝等厂商并列为全球最著名的印刷包装机械生产商之一，同时也是全球卷筒纸轮转机制造巨头。高斯国际拥有品类繁多的产品，包括报纸印刷系统、印刷后道系统、商业卷筒系统及辅机类等，产生了700多项专项成果，在印刷机械行业拥有多个第一的头衔。高斯国际曾经制造出了全球首台商业轮转印刷设备、首个四色报纸印刷塔以及首套柔性印刷系统等多项突破性产品，这些不俗的表现和成绩奠定了高斯国际在世界印刷机制造领域内公认的技术领导地位。

2008年国际金融危机爆发，加之电子传媒行业的兴起不断对传统出版形成挤压，报纸、杂志、平面广告的市场不断萎缩，大众对传统纸质印刷制品的需求在互联网时代大幅下滑。由于书刊印刷的主要生产机械正是卷筒纸胶印机，纸媒需求的下滑导致了传统印刷机械设备需求的下滑，使得高斯国际遇到了经营低谷，销售额遭遇滑铁卢式下跌，陷入亏损境地。正是在此时，上海电气启动了对高斯国际的收购谈判，通过 2009 年和 2010 年的两次收购，最终以高达 15 亿美元的金额控股高斯国际集团 100% 的股权。此次收购在行业内引起了不小的轰动，收购高斯国际使上海电气获取了在国际上最为先进的机械设备制造技术，在卷筒纸胶印机生产技术方面有了很大的提升，进一步稳固了上海电气在印刷设备制造领域的行业地位。另外，国内低廉的生产成本也为上海电气接手后的高斯中国扭亏为盈提供了机遇，可谓双赢。

二　上海电气并购高斯国际资源联系性分析：资源相似性强互补性弱

（一）并购双方技术相似性强互补性弱

公开资料显示，接触本次海外并购以及负责后续整合重组工作的是上海电气旗下的强势产业板块——上海电气印刷包装机械集团，其印刷包装机械资产在全国规模最大、产品类别最全，为国内印刷机械龙头，在单张纸胶印机方面优势明显，在商业轮转机、报纸轮转机等方面具有国内一流技术和产品研发能力，在全国拥有 600 余家工厂。通过对日本秋山国际、上海光华、上海紫光等公司的外方股权的陆续收购，吸纳国际化的研发技术。而并购目标方高斯国际除了因为市场萎缩而业绩不佳外，其在印刷机械领域的内在技术价值是毋庸置疑的。据高斯国际提供的资料，在并购前，高斯国际在全球设有 8 个工厂，拥有近 600 名工程师；拥有 226 项已申请专利，739 项有效专利技术，这与高斯国际重视技术研发是分不开的。即使在业绩下滑期，其研发总投入依然高达 2.8 亿美元。可以看出，并购双方在研发技术方面集中于一个较窄的领域并且技术实力相当，因此技术相似性强互补性弱。

（二）并购双方业务相似性强互补性弱

上海电气并购高斯国际能够水到渠成的一个重要原因，在于双方在业务上早有合作往来，且彼此熟悉。早在 1993 年，高斯国际初次进入中国市场，第一个合作对象就是上海电气，两者共同成立了合资企业上海高斯。合资公司上海高斯的经营非常成功，这不仅为上海电气与高斯国际的进一步合作打下了基础，也在这二十余年间使得双方的管理层对于彼此的业务非常熟悉。从并购双方的资料上来看，上海电气印刷设备业务的主营产品包括单张纸胶印机系列、卷筒纸胶印机、商用轮转印刷机、装订机系列、自动烫印模切机、折页机系列等，而高斯国际的产品涉及报纸印刷系统、商业卷筒系统、印刷后道系统等，两者之间具有较高的重叠，因此并购双方间产品业务相似性强互补性弱。

（三）并购双方文化相似性较强互补性较弱

从国家文化的层面来看，目标方高斯国际所在的美国在个人主义、长期取向、放纵这三个文化维度上与中国距离较大，在权力距离、男性化、不确定性规避三个维度上与中国距离较小，按照前文对于文化相似性、互补性的界定，此次海外并购双方在国家文化层面相似性较弱而互补性较强。而在企业文化层面，双方则拥有更多的相似之处。上海电气的企业价值观重视人才、重视创新，希望与其合作伙伴及客户在更多富有开创性和挑战性的项目中开展合作。与上海电气十分类似地，高斯国际同样看重人才、创新性及以客户为导向的执行力。并购双方在企业文化观方面的一致性为此次收购的顺利进行打下了坚实的基础。更值得一提的是，上海电气的控股子公司上海机电早在二十余年之前就与高斯国际合资建立了上海高斯，经年的合作、磨合和交融弥补了中美两方在民族文化方面相似性不足的短板，已在彼此间建立起了互相信任与了解。事实上，本次海外并购正是高斯国际主动找到了上海电气集团进行沟通，才有了最后的一锤定音。因此，总体来说此次海外并购双方间具有一定程度的文化相似性。

三 上海电气并购高斯国际制度距离分析：制度距离相对较低

如前文所述，我们根据世界银行发布的世界治理指数（WGI）中的6项指标以及美国传统基金会发布的经济自由度指数（IEF）中的 8 项指标,共计 14 项指标构建制度距离变量来衡量并购方上海电气和目标方高斯国际所处国家之间在 2010 年度的正式制度发展情况的差距。表 7.1 给出了 2010 年中国和美国分别在这 14 个分项上的得分,以及最终计算得到的制度距离指标,为 7.077。事实上,2000—2010 年,随着我国企业"走出去"制度环境的不断优化,中国和美国之间政治、经济等方面的制度距离经历了一个较为显著的追赶和缩小过程。① 虽然中美之间的制度环境仍有一定的差距,但在前文实证部分中,我们已展示了在 64 个中国企业技术获取型海外并购样本中,中国并购方企业与海外目标方企业之间制度距离普遍较高,该指标得分的最大值为 11.862,中位数为 8.200,本起案例的并购双方之间制度得分处于中位数之下,显著低于中国与大部分欧洲国家之间的制度距离。

表 7.1　　　　　　　　　2010 年中美制度距离指标

指标	腐败治理	政府效能	政治稳定	监管质量	法治	表达问责	商业自由
中国	-0.596	0.102	-0.657	-0.218	-0.329	-1.632	49.7
美国	1.260	1.549	0.435	1.436	1.630	1.122	91.3
指标	贸易自由	财政自由	政府支出	货币自由	投资自由	金融自由	产权保护
中国	72.2	70.2	88.1	70.6	20	30	20
美国	86.9	67.5	58	78.1	75	70	85
制度距离指标得分				7.077			

资料来源:根据世界银行、美国传统基金会公布数据经计算得到。

此外,我们也考察并购当年中国和美国在全球竞争力指数(GCI)中的制度分项指标上的排名差距,从另一方面辅助判定此起并购中双方制度距离的高低情况。全球竞争力指数由世界经济论坛每年定期发布的《全球竞争力报告》给出,用以衡量和反映处于不

---

① 用同样的方法计算,中国和美国制度距离在 2000 年数值为 9.340,显著高于 2010 年数值 7.077。

同发展阶段的世界各国的竞争力水平。该指数由共计 110 个变量组成，可以被划分为 12 个支柱项目，每一个支柱项目都体现了一国竞争力的一个重要方面。这 12 个支柱分别是：制度、基础设施、宏观经济稳定性、健康与初等教育、高等教育与培训、商品市场效率、劳动市场效率、金融市场成熟性、技术设备、市场规模、商务成熟性、创新。根据本书的需要，我们重点关注其中的制度支柱指标，这一指标主要描摹了一国在知识产权保护、小股东利益保护、投资者保护、会计和审计标准、司法独立性、腐败和贿赂、法律体系有效性、政府决策透明度、政府公信力等方面的运作情况。根据世界经济论坛网站公布的《全球竞争力报告（2010—2011）》中的各国竞争力指数排名可以发现，虽然中国和美国在全球竞争力总排名方面在 139 个国家中分别位列第 27 位、第 4 位，存在一定的距离，但在制度支柱指标方面分别位列第 49 位、第 40 位，距离较为接近。这从另一个侧面补充反映出 2010 年中美两国的制度距离是相对较低的。综合以上分析，我们认为总体来说，上海电气并购高斯国际的案例可以被划分为处于制度距离相对较低的区间内。

四 上海电气并购高斯国际整合策略分析：高整合程度与低目标方自主性

（一）对产能结构和产品结构进行全面整合

对于收购而来的高斯国际资源，上海电气制定了审慎而长远的整合策略。在收购高斯国际后，为了应对行业萎缩的大背景和公司亏损的现实情况，上海电气在短时间内就全面铺开了公司内部重组整合工作，整合的基调很快被确定：要充分整合高斯国际和上海电气的生产结构和规模，在生产上调整和把控方向。在数字媒体时代，大设备印刷机制造行业已不是朝阳产业，因此，上海电气决定在并购后进行谨慎投入，对高斯国际进行适合中国市场的改造和整合，而此时上海电气与高斯国际的资源相似性为整合的顺利推进提供了可能性。在产能结构调整方面，不断削减海外发达国家产能，如将法国工厂的两个生产基地因地制宜地重整为一个生产基地,将英国工厂的一个生产基地重新制定战略方向,调整成为销售服务基地,同时大规模缩减美国工厂规模,因为此前的业务与上海电气存在较高的重叠性,这样一来也可以缩减成本;在产品结构调整方面,在并购后高斯国际逐步转向上海电气印刷业务中的核心产品卷筒纸胶印机,同时融合自身和上海电气的产品优势,进军印刷包装设备与数字印刷设备。此外,推出了其他几个措施:调整原材料供应——在中国加大零部件采购以及低端金属加工,以降低采购和生产成本;调整生产结构——允许欧洲工厂和美国工厂有权生产同样的产品,以规避国际汇率波动给企业经营带来的不利影响等。

(二) 对人事和经营决策掌握控制权

考虑到海外并购中需要面临的目标国文化差异,如何在并购后适当地处理人事和决策权问题一直以来都是海外并购整合阶段的重点。而在这一起案例中,上海电气与高斯国际先前多年的合作关系为并购后的人事过渡和决策权分配起到了很好的"润滑剂"作用。在并购后,原上海电气集团董事长担任高斯国际董事长,每季度会听取董事会汇报;高斯国际的日常工作则由上海电气印刷包装机械集团总裁遥控指挥;派遣一位高级副总裁常驻美国总部。在员工调整方面,上海电气也同样进行了大手笔的动作。在 2004 年前后,当时发展势头正强劲的高斯国际旗下共有 4500 名左右的员工,即使在 2009 年年初因为经营不善而陷入困境时,高斯国际仍然拥有 3500 名左右的员工。并购后,出于降低人员成本的需求,上海电气还是决定让高斯继续裁员 1000 多人。此外,上海电气对原高斯国际在世界各地的多个销售团队也进行了系统性的梳理和整合,组建成为一个国际性的销售部门,而不是让散布在各个国家的销售团队单打独斗。在日常经营方面,也以上海电气对高斯国际的控制为主,例如利用自身的渠道优势,在国内为高斯国际指派成本最低、产品最有质量保障的采购供应商等。

五 上海电气并购高斯国际协同效应分析

通过并购后的整合努力,上海电气以产业集团模式对并购双方技术资源、管理团队、人力资源、组织架构等进行了全面的整合,推进一体化管理和一体化营运,通过进一步控制和压缩成本、创造盈利来实现协同效应,并提升了上海电气在行业内的整体竞争力。

从技术以及专利指标来看,上海电气并购高斯国际对于技术协同效应的发挥起到了良好的促进作用。在此次收购高斯国际后,通过融合吸收高斯国际在商业卷筒系统、报纸印刷系统、印刷后道系统及辅机类等多项突破性产品方面的先进技术,上海电气印刷业务成功实现了由中低端领域向高端领域的延伸,并购后公司整体竞争力得到增强,同时提升了上海电气印刷设备业务在全球技术格局中的位置。并购高斯国际也使上海电气拥有了覆盖全球的制造及服务网络和海外生产基地。从并购后上海电气的专利增长中也可以看出,在经历了全球纸媒行业的低迷冲击后,上海电气在专利产出方面也实现了逐渐上升(见表7.2)。

表7.2　　上海电气并购前后专利指标

	2010年	2011年	2012年	2013年	2014年
专利数量	28	20	10	44	45

资料来源:佰腾网。

从企业并购后业务发展和财务指标来看,上海电气并购高斯国际后也实现了经营、管理、财务等方面的协同效应。通过前述一系列优化整合,上海电气集团投入大量资源,迅速地提升了公司业绩。相关数据显示,公司原定于2012年上半年完成的销售目标在2011年12月底就已达成,订单金额持续迅速增长,仅仅《光明日报》《人民日报》《解放日报》三刊的订单金额就高达2亿元之多。其中2011年12月创造了金融危机以来单月最大订单,订单金额高达

7000万美元。从表7.3的财务指标中可以看出，上海电气在并购高斯国际后，包括总资产、净资产、营业收入、利润总额等项目在内的多项财务指标有了较为显著的提升。

表7.3　　　　　　　　上海电气并购前后财务指标

	2010年	2011年	2012年	2013年	2014年
总资产（百万元）	98211.841	106715.059	118699.537	129292.714	143550.564
净资产（百万元）	27002.449	29257.192	30506.562	32205.954	34236.392
营业收入（百万元）	63175.862	68302.275	77076.743	79214.931	76784.516
利润总额（百万元）	4122.568	5208.373	5803.558	5497.353	5621.021
净利润（百万元）	2819.499	3310.083	2720.707	2462.792	2554.487
总资产周转率	0.643	0.640	0.649	0.613	0.535

资料来源：上海电气集团股份有限公司年度报告。

总结来说，在上海电气并购高斯国际这起制度距离相对较低的海外并购中，从技术、产品、文化等维度来考量，并购双方呈现出资源相似性强互补性弱的特征，为并购后阶段双方研发、业务、人事等方面的整合推进提供了潜在的必要性和可行性。通过匹配并购后高整合程度和低目标方自主性，上海电气成功实现了并购后协同增长，提升了印刷机械业务在国内国际两个市场上的整体竞争力。

第二节　中联重科并购 CIFA

一　中联重科并购 CIFA 背景

中联重科股份有限公司（下称中联重科）创立于1992年，前身为原建设部长沙建设机械研究院，是中国工程机械装备制造龙头企业。中联重科生产具有完全自主知识产权的13大类别86个产品系列，包括混凝土机械、起重机械、环卫机械、路面机械等，主导产品800多种。到2008年并购前，经过20多年的发展，中联重科股份有限公司已成为国内领先的大型工程机械企业之一，享有国家首批"国家技术创新示范企业""国家创新型企业"的盛誉，拥有约155亿元总资产、约121亿元营业收入总额、约15亿元净利润，并且保持逐年增长。在国内市场上，中联重科在30余个主要城市都设有销售网点，产品遍布全国各地；在国外市场上，中联重科在亚洲其他周边国家乃至欧洲、美洲、非洲都铺开了销售网络，但不足的是国外市场的出口量仍然不大，总体销售收入中海外销售收入占比不足5%，未能很好地挖掘海外市场隐藏着的巨大销售潜力。

意大利CIFA公司成立于1928年，总部位于意大利米兰附近的塞纳哥，是一家历史悠久的意大利工程机械制造商以及国际一流混凝土机械制造商。成立之初，CIFA公司主要从事用于钢筋混凝土的钢制模具等产品的生产和销售，并逐步拓展到混凝土搅拌与运输设备的生产方面。到2008年被并购前，CIFA公司与德国的普茨迈斯特公司和施维英公司并为全球排名前三的混凝土机械设备制造商，并且是全球唯一一家能够全面提供混凝土机械设备的制造企业，其中主营业务包括混凝土输送泵、混凝土泵车和混凝土搅拌运输车等，拥有知名的品牌、全球化的销售网络、领先的技术工艺、有益的产品质量和完善的售后服务，其产品因其优越的性价比而在东欧、俄罗斯等地区竞争优势突出，市场占有率高。

2007年，金融危机的爆发使欧美经济体受到了强烈的冲击，建筑工程行业增长委顿，混凝土机械市场低迷。欧洲和北美是CIFA产品的两个主要市场，但这两个市场上的销售业绩都差强人意，销售收入持续下跌。面对这种形势，CIFA股东决定出售股权，筹集资金来偿还高额的到期债务。2008年9月，中联重科联合多家投资机构对CIFA完成了收购。CIFA全球领先的技术工艺、全球化销售网络和服务体系等为中联重科的发展注入新的活力；同时，本次并购也将改变国内外混凝土机械市场的竞争格局，并且大大加快中联重科向中国第一大混凝土机械制造商地位发起冲刺的进程。

二 中联重科并购 CIFA 资源联系性分析：资源相似性弱互补性强

（一）并购双方技术相似性弱互补性强

作为与德国普茨迈斯特和施维英并驾齐驱的世界三大混凝土巨头之一，CIFA 是国际一流的混凝土机械制造商，拥有 80 余年泵送机械和搅拌运输车机械产品技术领域的成熟经验，产品技术和研发优势显而易见。在其成长历史中，CIFA 公司注重科研，以知识产权获得独特竞争优势，在全球有 50 组专利和 10 个注册商标，积累了大量的技术成果。CIFA 在主营业务混凝土泵车技术方面具有较强的领先优势，在其钢结构臂架的关键部位采用碳纤维材料取代钢材，通过传感器主动调节液压系统的主动减震技术，在全球处于领先地位，产品更具安全性、可靠性和灵活性。相较之下，中联重科在产品安全性、先进性和全面性等方面都与 CIFA 存在一定的差距，在并购 CIFA 后，中联重科可将 CIFA 领先的技术和制造工艺、超前的设计理念引入公司，并通过获取专利、商标等无形资产的使用权来提升中联重科的产品技术含量。因此此次并购双方在技术资源方面显示出相似性弱互补性强的特征。

（二）并购双方市场相似性弱互补性强

从市场资源方面来看，CIFA 产品在全球多个地区竞争优势突出，市场占有率较高。经过 80 年的发展，CIFA 公司在欧洲、美洲、非洲及中东、澳洲的 60 余个国家都建立了销售渠道，截至被并购前总共拥有直接经销商 60 家，意大利本土代理机构 25 家。CIFA 的混凝土机械产品雄踞意大利本土市场 80% 的占有率，在西欧市场和东欧市场分别拥有 24% 和 20% 的市场占有率，在更远一些的中东和澳洲市场也分别拥有 9% 和 8% 的市场占有率，初具规模。除此之外其产品也在逐渐向亚洲、北非、南美的部分新兴地区延伸，一以贯之地致力于国际市场的拓展。而相较之下，中国制造的混凝土机械产品在大部分海外用户，特别是欧美地区的用户心中接受度仍然不高，因此中联重科主要还是依托国内市场，海外销售体系和销售网络并没有全面铺开，中联重科产品目前在海外市场的占有率并不高。因此中联重科和 CIFA 的市场网络和市场布局基本不重合，显示出相似性弱互补性强的特征。CIFA 成熟的销售网络能帮助中联重科进一步打开国际市场，完善全球销售网络；同时，中国城镇化和工业化的发展也使得中联重科能够为 CIFA 带来巨大的国内市场。

（三）并购双方文化相似性较弱互补性较强

从国家文化的层面来看，目标方 CIFA 所在的意大利在权力距离、个人主义、不确定性规避这三个文化维度上与中国距离较大，而在男性化、放纵、长期取向三个维度上与中国距离较小，按照前文对于文化相似性、互补性的界定，此次海外并购双方在国家文化层面相似性和互补性均适中，并不存在相似性或互补性特别突出的情况。从企业文化的角度来看，这场海外并购使得中联重科和 CIFA 公司不同肤色、不同种族的员工聚在一起工作，这些有着不同文化背景的员工对公司文化的理解在初期是很不一致的。比如，CIFA 的企业文化是比较强势的，强调做事精益求精，强调工作的效率；而中联重科强调员工对企业的奉献精神和吃苦耐劳精神，以牺牲自我来成就团队。在面对大额的订单时，加班加点对中国员工来说是常事，而意大利工人是从不加班的。两者的企业文化相似性弱而互补性强，在并购后，如何包容和理解异国文化，赢得目标方企业的信任，使两种文化的优点能够取长补短地结合起来，是中联重科需要思考的。

三 中联重科并购 CIFA 制度距离分析：制度距离相对较低

根据世界银行发布的世界治理指数（WGI）中的 6 项指标以及美国传统基金会发布的经济自由度指数（IEF）中的 8 项指标，共计 14 项指标构建制度距离变量来衡量并购方中联重科和目标方意大利 CIFA 所处国家之间在 2008 年度的正式制度发展情况的差距。表 7.4

给出了 2008 年中国和意大利分别在这 14 个分项上的得分，以及最终计算得到的制度距离指标，为 3.569，低于中国企业技术获取型海外并购样本中制度距离的中位数 8.200，是所有样本中的制度距离最小值。

表7.4　　　　　　　　　2008年中意制度距离指标

指标	腐败治理	政府效能	政治稳定	监管质量	法治	表达问责	商业自由
中国	−0.542	0.152	−0.481	−0.133	−0.335	−1.644	50.3
意大利	0.250	0.291	0.529	0.952	0.417	1.023	77
指标	贸易自由	财政自由	政府支出	货币自由	投资自由	金融自由	产权保护
中国	70.2	66.4	89.7	76.5	30	30	20
意大利	81	54.3	29.4	80.6	70	60	50
制度距离指标得分			3.569				

资料来源：根据世界银行、美国传统基金会公布数据经计算得到。

此外，我们也同样地考察并购当年中国和意大利在全球竞争力指数（GCI）中的制度分项指标上的排名差距，从另一方面辅助判定此起并购中双方制度距离的高低情况。根据世界经济论坛网站公布的《全球竞争力报告（2008—2009）》中的各国竞争力指数排名可以发现，中国和意大利在全球竞争力指数的制度支柱这一指标上在全球参评的 134 个国家中分别位列第 56 位、第 84 位，中国领先于意大利且距离相对较为接近。这从另一个侧面补充反映出 2008 年中意两国的制度距离是相对较低的。综合以上分析，我们认为中联重科并购 CIFA 的案例可以被划分为处于制度距离相对较低的区间内。

四　中联重科并购 CIFA 整合策略分析：低整合程度与高目标方自主性

（一）保留品牌和技术独立性实现温和整合

面对此次海外并购中中联重科与意大利 CIFA 在技术、市场、文化资源方面的巨大差异，为实现中联重科与 CIFA 优势互补资源带来的协同潜力，中联重科在并购后坚持以温和的整合方式实现整合期的平稳过渡。考虑到在并购前，CIFA 和中联重科自己的品牌都有各自的市场、消费偏好与地区影响力：技术先进、品牌历史悠久的 CIFA 品牌一直是高端的象征，在欧美地区影响力广泛；而中联重科是中国土生土长的企业，产品可靠、价格低廉，在国内以及其他一些发展中国家受到广泛关注。因而在并购后品牌整合过程中，中联重科实行了双品牌运营战略，"CIFA"品牌主打高端市场，"中联重科"品牌主打中低端市场。双品牌战略能够实现客户群的细分，满足了高端市场与中低端市场不同消费者的偏好与需求，国内低廉成本与国外顶尖技术都能有用武之地，在销售市场上的覆盖群体更为广泛，能够有效利用核心能力与扩大市场份额。在技术研发整合方面，中联重科并不意在对 CIFA 的技术进行深度的整合，而是采取将 CIFA 全套的先进技术移植到 CIFA 中国基地，完全按照 CIFA 的质量标准进行零部件的试制、生产、检测这样一种方式实现 CIFA 的中国化，同时将技术研发部门仍然设置在意大利米兰，保留 CIFA 在技术研发上的独立性，这样一来就能够延续性地利用 CIFA 卓越的技术平台。中联重科在并购后不仅不关闭 CIFA 的数个研发制造工厂和各个子公司，相反还持续投入资金支持其进行研发和生产。由此可见，中联重科对于 CIFA 的整合策略是保留其品牌、技术、研发方面的独立性，以"加法"代替"减法"，属于低程度的整合。

（二）"意人治意、高度自治"实施本土化管理

除了通过实施较低度的整合来避免对目标方 CIFA 公司具有价值的互补性资源可能造成的损害，中联重科同时也给予了 CIFA 高度的自主性，通过实施本土化的管理来保护其发展动能和积极性。中联重科对 CIFA 进行整合前，做出三项承诺：强调双方的联合是一个家庭，CIFA 将继续保持独立经营，管理层与员工也维持稳定状态。在管理层方面，中联重科完全保留了 CIFA 的经营管理团队，CIFA 被并购前的董事长和首席财务官继续留在并购后的公司，前者继续担任新的董事长，兼任中联重科副总裁，后者则由首席财务官改任新

公司的首席执行官兼首席运营官。在员工方面，中联重科没有向意大利派遣一名常驻员工，全部由 CIFA 老员工一手打理，充分信任原有意大利员工队伍。中联重科的自主性战略受到了 CIFA 公司员工的支持和欢迎，为其平稳度过整合过渡期，保持稳健经营和快速增长奠定了良好的基础，逐渐建立起并购双方信任与协同发展机制。

五 中联重科并购 CIFA 协同效应分析

通过并购整合，中联重科成功实现中联重科混凝土机械产品与制造技术的国际化跨越，同时着眼于 CIFA 混凝土机械销售和服务网点的全球化布局，得以在制造技术、市场能力、企业管理等方面快速提高水平。在并购 CIFA 后的次年，虽然行业竞争已经趋于白热化，但中联重科依旧表现亮眼，实现了技术、经营、管理、财务等方面的协同效应。

技术协同方面，受益于并购获得的 CIFA 国际领先技术，中联重科向市场上陆续推出安全性、稳定性更高的产品，包括长臂架泵车六节臂、超长臂泵车三级伸缩 X 支腿技术、单侧支撑技术等，大大提高了中联重科在泵车市场的占有率，在行业中获得了良好的形象。表 7.5 展示了中联重科并购前后技术专利的变化，可以看出，中联重科和 CIFA 双方技术人员不断研发创新，并购后新专利技术呈现激增，在多项高端技术方面实现突破，促使并购后公司产品技术和性能进一步提高，充分发挥了并购的技术协同效应①。

中联重科并购 CIFA 后产生的协同成果，也直观地体现在了中联重科并购后资产体量、销售收入、利润水平等财务指标上。表 7.6 展示了中联重科并购前后财务绩效对比分析。从表中可以直观地看

---

① 我们在此仅选取并购发生五年内的专利和财务指标来判断该起并购案的协同效果，因为更长时间窗口内产生的改变可能和此次海外并购的关联度不大。下文汤姆逊并购 TCL 案例同。

出，中联重科的盈利能力、经营能力、管理能力等多方面绩效指标都在并购后呈现了持续上升的趋势，显示此次海外并购实现了多方面的协同效应，对于中联重科的发展壮大发挥了重要的促进作用。在其中特别突出的是，中联重科的主营业务混凝土机械收入在并购后增长强劲，并购后三年连续销售增长在50%以上，2010年的增幅将近100%，为中联重科的销售与利润做出巨大贡献。

表 7.5　　　　　　　　中联重科并购前后专利指标

	2008 年	2009 年	2010 年	2011 年	2012 年
专利数量	36	58	37	1160	1568

资料来源：佰腾网。

表 7.6　　　　　　　　中联重科并购前后财务指标

	2008 年	2009 年	2010 年	2011 年	2012 年
总资产（百万元）	8532.162	34005.753	63081.564	71581.772	88974.465
净资产（百万元）	5082.420	7467.601	27415.21	35446.450	40802.142
营业收入（百万元）	8973.561	20762.163	32192.673	46322.581	48071.174
利润总额（百万元）	1364.324	2827.394	5416.105	9602.474	8858.141
净利润（百万元）	1333.586	2372.404	4587.956	8173.342	7528.964
总资产周转率	1.052	0.611	0.510	0.647	0.540
混凝土机械收入（百万元）	4682.367	7156.591	14084.237	21212.766	23596.13

资料来源：中联重科股份有限公司年度报告。

总结来说，在中联重科并购意大利 CIFA 这起制度距离相对较低的海外并购中，由于海外目标方 CIFA 公司具有品牌、研发、工艺以及遍布全球的销售网络体系等优势，和中联重科在市场、技术等诸多方面具有很强的资源互补性，提供了潜在协同效应的来源。通过匹配并购后低整合程度和高目标方自主性程度，并购双方逐渐建立起相互信任与协同发展机制，受益于整合过程的协同作用，中联重科的技术实力和市场竞争力得到巨大的提升。

第三节　中鼎股份并购 COOPER

一　中鼎股份并购 COOPER 背景

安徽中鼎密封件股份有限公司（下称中鼎股份）是主营汽车密封件、特种橡胶制品（汽车、摩托车、电器、工程机械、矿山、铁道、石化、航空航天等行业基础元件）的研发、生产、销售与服务的大型现代化企业。经三十余年的快速发展，中鼎股份深耕汽车零部件领域主业，并不断向其他非轮胎橡胶零部件和减震降噪部件等领域延展，现已成为国内非轮胎汽车橡胶制品行业的龙头公司，连续多年销售收入、出口创汇、利润总额以及主导产品占有率等各项指标位居国内同行业首位，稳定入列全球非轮胎橡胶制品 50 强。2008 年起，中鼎股份开始实施国际化战略，并逐渐成为全球化经营布局的跨国企业。在其发展壮大过程中，一系列海外并购业务起到了非常关键的作用，包括 2008 年、2009 年并购美国 ABR、MRP 和 BRP 公司等，这些都为中鼎股份之后成功收购 COOPER 奠定了基础。

美国 COOPER 公司成立于 1984 年，是一家有着先进技术水平的高性能橡胶密封件制品生产企业，公司拥有系统的材料研发和模具设计加工能力、专业加工车间。其主导产品为各类高端油封制品，广泛应用于汽车、工程机械、轴承等领域，主要客户为美国 Timken（世界领先的优质轴承及合金钢制造商）、日本 NSK（日本国内第一家设计生产轴承的厂商）、瑞典 SKF（轴承制造业之世界领袖）等著名轴承制造商，并为通用、福特、宝马、丰田等汽车厂商供货。

2011 年 7 月，中鼎股份董事会审议通过了《关于收购美国 COOPER100% 股权的议案》，投资总额为 980 万美元，其中包括补充营运资金 180 万美元，之后正式完成了对 COOPER 的收购。中鼎此次收购旨在切入工程机械等高端密封领域，获得高端油封产品技术、生产经验以及品牌，并将其后续导入国内市场，匹配工程机械生产商，打开收入和利润增长空间。通过此次收购 COOPER 的先进技术和生产工艺并消化吸收提升自身的技术水平，中鼎股份实现了向行业高端领域的转型，在国内外油封市场较快形成突破的同时也提升了公司的国际竞争力。

二 中鼎股份并购 COOPER 资源联系性分析：资源相似性强互补性强

（一）并购双方产品相似性强互补性强

从产品来看，中鼎股份在此次海外并购前已是国内非轮胎橡胶制品行业龙头，公司生产的橡胶制品主要配套于汽车、家用电器、工程机械及高铁、军工等行业，在汽车制动系统用橡胶件细分产品市场处于领先地位，但在油封产品方面则实力偏弱，优势不突出。而并购目标方美国 COOPER 是主营高端油封制品等高性能橡胶密封件企业，产品广泛用于汽车、工程机械、轴承等，专业生产汽车用高端密封件和轴承密封件与汽车动力总成旋转密封产品，为全球著名轴承制造商和全球知名整机厂商配套及供货。因此，并购双方主营产品同隶属于非轮胎橡胶制品分类，但主导产品在细分领域种类、定位、优势各有不同，总体来看呈现出产品相似性强、互补性强的特征。

（二）并购双方技术相似性强互补性强

从研发实力与技术水平来看，中鼎股份拥有一批具有国际先进水平的生产、试验及检测设备，并建有国内同行业领先的技术中心。公司瞄准国际同行业前沿技术，致力于新产品、新材料、新技术的研究与开发，先后与国内多所高等学府、科研院所建立了长期稳定的合作关系，已具备同步技术开发的能力，并建立了以自主研发为主，产学研合作，引进国外先进技术消化吸收再创新的技术研发体系。总体而言，中鼎拥有较雄厚的技术能力，但与国外同行相比技术研发能力仍有互补空间，特别体现在公司未来的主营产品方向——油封产品方面。从国际先进水平来看，油封产品具有很高的技术含量，技术层面的问题主要涉及橡胶配方、橡胶的混炼工艺、密封设计等，而COOPER公司正是此领域的专家，研发与技术水平居全球领先地位，同时与中鼎形成良好互补。据此分析，并购双方技术水平与研发实力相似性强、互补性强。

（三）并购双方市场相似性强互补性强

从市场来看，中鼎股份业务分为国内销售和出口及境外。在此次并购发生前，公司出口及境外收入10.9亿元，占公司总收入的将近40%，2010—2011年均保持65%以上的高增速，公司在国外业务上积极开拓，并将其视为未来主要的营收增长。从2003年在美设立"中鼎美国公司"，2009年在海外拥有工厂，到近年接连收购美国ABR、MRP和BRP公司切入美国市场，公司逐渐形成了国内外两个市场齐头并进的发展局面，国际市场竞争力亦不断增强。而美国COOPER公司在油封领域具有领先的海外市场地位和重要的海外客户网络，在巩固中鼎现有市场业务的基础上，又能够与中鼎的市场结构形成优势互补。通过此次并购，中鼎在北美的产业链布局将更加完善，触角范围将更加延伸，市场地位将进一步提升，这均得益于并购双方市场资源相似性强、互补性强的特征及其带来的发展潜力。

三 中鼎股份并购COOPER制度距离分析：制度距离相对较低

和前文的处理方式类似，根据世界银行发布的世界治理指数（WGI）中的6项指标以及美国传统基金会发布的经济自由度指数（IEF）中的8项指标，共计14项指标构建制度距离变量来衡量并购方中鼎股份和目标方COOPER公司所处国家之间在2011年度的正式制度发展情况的差距。表7.7给出了2011年中国和美国分别在这14个分项上的得分，以及最终计算得到的制度距离指标，为6.839，在中国企业技术获取型海外并购样本中制度距离的中位数8.200之下，低于中国与大部分欧洲国家之间的制度距离；且与 2010 年的分值 7.077 相比，可以看出中美之间的制度距离在逐年缩小。因此中鼎股份并购 COOPER 公司的案例可以被划分为处于制度距离相对较低的区间内。

表 7.7　　　　　　　　2011 年中美制度距离指标

指标	腐败治理	政府效能	政治稳定	监管质量	法治	表达问责	商业自由
中国	-0.555	0.095	-0.606	-0.210	-0.391	-1.583	49.8
美国	1.265	1.512	0.597	1.450	1.605	1.112	91
指标	贸易自由	财政自由	政府支出	货币自由	投资自由	金融自由	产权保护
中国	71.6	70.3	87	75.3	25	30	20
美国	86.4	68.3	54.6	77.4	75	70	85
制度距离指标得分				6.839			

资料来源：根据世界银行、美国传统基金会公布数据经计算得到。

四　中鼎股份并购 COOPER 整合策略分析：较高整合程度与较高目标方自主性

（一）反向投资整合独树一帜

反向投资是中鼎股份海外收购一大核心，指其海外被收购公司在中鼎股份母公司帮助和指导下在国内进行投资设立全资子公司。中鼎并购 COOPER 完成后，于 2012 年在国内进行反向投资，成立了安徽库伯，更好地吸收美国 COOPER 高端技术，开拓国内外高端油封产品市场。中鼎反向投资整合具有几个突出的特点：生产技术整合方面，没有专门强调整合的过程，而是通过反向投资直接、主动地实现技术的转移、输出和吸取，同时避免一般通过学习模仿和强制技术转移方式进行技术吸收整合可能给目标方公司带来的抵触心理；业务整合方面，保持 COOPER 海外业务及品牌运营的独立，继续开拓欧美市场，同时也积极建设国内新厂，依托中鼎股份的厂房、人员、政府和客户关系等资源开展新业务，积极和母公司在客户开发和产业发展等方面实现资源整合；文化整合方面，短期保持各自公司的文化独立性，长期通过反向投资过程中的合作来实现组织不断交融和互相学习，达到最终的文化整合。可见，在并购 COOPER 后中鼎股份采取的是一种适中的整合程度，以适应并购双方较强的资源相似性与互补性特征，这种整合程度与仅存在较强的资源互补性的情形相比更高，与仅存在较强的资源相似性的情形相比稍低。

（二）"战略管控" + "自主经营" 双线并行

在保留目标方自主性方面，中鼎股份在总体上给予了 COOPER 相对独立的运营权限，并保持了相对稳定的管理层和人事安排，收购完成后继续聘任 Thomas Gerber 为 COOPER 公司总裁负责日常经营管理和技术人员的培养。中鼎在运营上充分信任 COOPER 原先管理层，并通过股权激励的方式促进管理人员的积极性，实现国外经营业务独立运行。但与普通的独立式管理模式又有不同的是，中鼎在此前收购美国海外企业时就成立了美国控股公司，对包括此次美国 COOPER 在内的被收购企业实行统一的管理，中鼎股份在其中扮演财务投资管理人的角色。同时，中鼎也向目标方派驻董事共同规划公司未来发展以及积极开拓国内新业务，时常派遣相关人员参与美国 COOPER 生产经营管理，并组织技术、管理人员赴美学习，对其先进生产工艺及技术进行充分消化吸收。从这些做法来看，中鼎股份在完成对 COOPER 的海外并购后采取的是一种母公司战略管控与子公司自主经营相结合的目标方自主性策略，以适应并购双方较强的资源相似性与互补性特征，这种目标方自主权与仅存在较强的资源相似性的情形相比更高，与仅存在较强的资源互补性的情形相比稍低。

五 中鼎股份并购 COOPER 协同效应分析

并购完成后，中鼎股份消化吸收美国 COOPER 所拥有的国际领先的技术工艺，促进公司油封产品生产工艺水平和生产效率的显著提升，形成行业领先的技术优势，全面进军高端密封件产品领域，实现产品结构高端化、经营布局国际化、客户配套全球化,同时带动公司的品牌形象、盈利能力、经济效益同步增长。

技术能力提升方面,中鼎股份借助 COOPER 公司在高端轴承密封产品生产加工领域的先进工艺及技术,在技术吸收的基础上结合自主研发,在国内外设立了三大研发中心,整合国内外优势技术资源,优化新产品开发流程,开展全球协同研发合作,技术研发能力稳步提升。技术研发的升级带动公司产品由零件向部件的升级,使公司发展成为全球汽车零部件配套世界级企业。从表 7.8 中可以看出,在并购完成两年后,中鼎股份的专利产出呈现出大幅的增长,并购整合带来的技术协同效应显现。

表 7.8　　　　　　　　　中鼎股份并购前后专利指标

	2011 年	2012 年	2013 年	2014 年	2015 年
专利数量	11	12	21	15	12

资料来源:佰腾网。

并购后业绩提升方面,中鼎股份表现也同样亮眼。实施海外并购后,中鼎股份实现了连续多年的高速发展,反向投资落地也给公司带来不可小觑的增长动力和盈利空间。如表 7.9 所示,从 2011 年到 2015 年,中鼎股份的营业收入、利润总额、净利润、总资产、净资产均实现翻番以上增长;在收入结构上,在国内收入保持合理增长的同时,海外收入比重不断增加,到 2015 年海外收入占比超过 60%。

表 7.9　　　　　　　　　中鼎股份并购前后财务指标

	2011 年	2012 年	2013 年	2014 年	2015 年
总资产(百万元)	3045.348	3906.927	4141.649	5426.247	7471.114
净资产(百万元)	1382.874	1904.878	2218.692	2931.061	3663.951
营业收入(百万元)	3053.118	3369.021	4161.694	5040.191	6543.080

续表

	2011 年	2012 年	2013 年	2014 年	2015 年
利润总额（百万元）	395.490	645.695	508.697	699.104	911.054
净利润（百万元）	295.944	516.742	388.414	566.589	713.706
总资产周转率	1.003	0.862	1.005	0.929	0.876

资料来源：安徽中鼎密封件股份有限公司年度报告。

从以上分析中可以看出，在这起制度距离相对较低的海外并购中，海外目标方美国 COOPER 公司是一家主营高端油封制品等高性能橡胶密封件企业，与作为国内非轮胎汽车橡胶制品行业龙头企业的并购方中鼎股份具有较强的资源相似性与资源互补性，潜在地决定了并购双方既有一定的整合基础，又有相互学习的空间。通过匹配并购后较高整合程度和较高目标方自主性程度，在完成对 COOPER 的并购整合过程后，中鼎股份借助 COOPER 在油封产品领域具有的技术领先地位和重要客户关系，大大提高了自身的技术能力、市场地位和盈利能力，实现了并购协同效应。

第四节　TCL 并购汤姆逊

一　TCL 并购汤姆逊背景

TCL 集团股份有限公司（下称 TCL）是一家集家用电器、通信设备、电子信息、电子工程产品的研发、生产及销售为一体的特大型国有控股企业，创办于 1981 年。经过 20 多年的发展，TCL 集团成了亚洲彩电市场最强厂商之一，其王牌彩电产品家喻户晓。TCL 发展过程中一直保持着稳中有快的步伐，特别是进入 1990 年以来，曾经创下连续十二年年均增长速度保持 50% 以上的纪录，是全国增长最快的大型工业制造企业之一，多年来受到国家重点扶持。同时，集团在1998年起就制定了"走出去"的战略方针，先后通过多种方式积极拓展海外新兴市场，包括俄罗斯、东南亚、拉美、中东等地。

创建于1879年的法国汤姆逊公司是一家综合业务以工业和科技为主的集团，在全球主要的消费电子生产商中位列第四。作为世界级的家用电话供应商、数码译码器供应商、为内容和媒体商提供服务和商品的供应商，汤姆逊的业务涉及从内容制作、分发到接收的全过程，包括消费产品、零部件、内容及网络等多个方向，在世界范围内的30多个国家和地区拥有73000多名员工。在2000年初期，由于受到欧洲电子市场激烈竞争的冲击，汤姆逊的经营开始转亏，到2003年，受到全球平板电视兴起的冲击，传统的CRT（阴极射线管）电视不可避免地走向没落，没能在短时间内适应转型的汤姆逊当年背负了巨额亏损，迫切需要寻求一个强大的战略合作者来帮助其解决财务困境。

2003年7月，法国汤姆逊公司通过投资银行找到TCL，希望出售其彩电业务。这对一直图谋欧美市场的TCL来说，无疑是一个难得的契机。面对如此巨大的诱惑，TCL的高层们很快便达成了并购的共识，一致认为此举不仅可以使TCL获得彩电领域技术创新的提高，同时也能够规避北美和欧盟的贸易壁垒，迅速切入欧美市场，完善产业格局。2004年1月，TCL宣布并购汤姆逊彩电业务，成立组建TCL汤姆逊电子公司（TTE），这是当时全球最大的彩电供应企业。其中TCL集团持股67%，汤姆逊持股33%。TCL与汤姆逊彩电业务的重组，被当时的业界认为将改写全球彩电产业格局。

二 TCL并购汤姆逊资源联系性分析：资源相似性强互补性强

（一）并购双方产品相似性强互补性强

从产品角度来看，TCL集团产品主要分为多媒体产品（彩电）、家电产品、通信产品（手机）、数码产品、电气产品等几大类，其中彩电和手机产品在国内市场具有领先优势，特别是彩电产品是TCL

业务的战略重点和主力发展方向。法国汤姆逊公司的产品主要覆盖视讯产品、家电产品、数码产品等范围，是世界最大的电子产品供应商之一。在其中，彩电、彩管业务一直是汤姆逊公司的主营业务和主要的利润增长点，在与 TCL 合并之前，汤姆逊公司已经具备年产 740 万台电视机的能力，在北美市场和欧洲市场上的份额分别达到 18% 和 8%。可以看出，TCL 和汤姆逊的产品发展路径和战略是高度一致的，产品有着较强的相似性。两者之间的差异在于，相较于 TCL 的产品，汤姆逊的产品主打高端市场，重点放在高端背投彩电、等离子彩电的制造和生产，以及数字电视"端到端"的产业链服务，汤姆逊在电视传播过程中需要用到的机顶盒、彩管、专用设备等产品方面具有很强的市场优势，这一点又与 TCL 的产品形成了良好的互补。

（二）并购双方技术相似性强互补性强

从研发技术的角度来看，TCL 集团和汤姆逊公司也存在相似性和互补性均强的特征。汤姆逊公司自成立以来拥有 100 多年的历史，曾诞生 6000 多个产品发明，获得 36000 多项专利权，是全球第一台互动电视专利技术的拥有者。在其中，汤姆逊公司在彩色电视业务方面拥有大量 CRT 领域的领先技术专利。而 TCL 在 CRT 领域的专利数量在彩电厂商中也处于前列，两者之间拥有在一个较窄的技术领域中相似的专利技术。在研发力量方面，汤姆逊公司一直重视技术研发的投入和研发基地的发展，通过此次并购，TCL 获得了汤姆逊集团的 3 个研发中心，能够帮助 TCL 建立全球范围内的研发体系，为 TCL 的研发提供了良好的研发基础设施和研发技术人员，是珍贵的互补性资源。TCL 可以充分利用与国际著名企业技术交流的机会，引入核心技术，取长补短，使 TCL 从技术商品化阶段跨入核心技术积累阶段，提高竞争能力。

（三）并购双方文化相似性强互补性强

与案例 1 上海电气并购高斯国际中的情形正好相反，TCL 并购汤姆逊属于国家文化相似性高、企业文化互补性高的情形。从国家文化的层面来看，目标方汤姆逊公司所在的法国除了在个人主义这一项文化维度上与中国距离较大，在不确定性规避这一项文化维度上与中国距离适中之外，在权力距离、男性化、长期取向、放纵四个维度上与中国距离均较小，按照前文对于文化相似性/互补性的界定，此次海外并购双方在国家文化层面属于相似性较强而互补性较弱。而在企业文化层面，双方则拥有更多的互补之处。汤姆逊崇尚产品细节，TCL 注重产品的更迭速度。汤姆逊追求商业过程中艺术的浪漫，而 TCL 更多地奉行"拿来主义"。这些充满企业特色的差异性其实具有很好的互补空间；然而需要很长时间的磨合，充分沟通才能减少冲突。因此，总体来说此次海外并购双方间具有一定程度的文化相似性，同时也具有一定程度的文化互补性。

三 TCL 并购汤姆逊制度距离分析：制度距离相对较低

根据世界银行发布的世界治理指数（WGI）中的 6 项指标以及美国传统基金会发布的经济自由度指数（IEF）中的 8 项指标，共计 14 项指标构建制度距离变量来衡量并购方 TCL 集团和目标方汤姆逊公司所处国家之间在 2004 年度的正式制度发展情况的差距。表 7.10 给出了 2004 年中国和法国分别在这 14 个分项上的得分，以及最终计算得到的制度距离指标，为 6.383，低于中国企业技术获取型海外并购样本中制度距离的中位数 8.200。

表 7.10　　　　　　　　2004 年中法制度距离指标

指标	腐败治理	政府效能	政治稳定	监管质量	法治	表达问责	商业自由
中国	-0.556	0.001	-0.361	-0.278	-0.434	-1.455	55
法国	1.344	1.815	0.338	1.232	1.451	1.444	70
指标	贸易自由	财政自由	政府支出	货币自由	投资自由	金融自由	产权保护
中国	51.4	66.4	88.4	86.4	30	30	30
法国	79.8	44.3	14.5	86.4	70	50	70
制度距离指标得分				6.383			

资料来源：根据世界银行、美国传统基金会公布数据经计算得到。

此外，我们也同样地考察并购当年中国和法国在全球竞争力指数（GCI）中的制度分项指标上的排名差距，从另一方面辅助判定此起并购中双方制度距离的高低情况。根据世界经济论坛网站公布的《全球竞争力报告（2003—2004）》中的各国竞争力指数排名可以发现，中国和法国在全球竞争力指数的制度支柱这一指标上在全球参评的102个国家中分别位列第52位、第23位，法国领先于中国且距离相对较为接近。这从另一个侧面补充反映出2004年中法两国的制度距离是相对较低的。综合以上分析，我们认为TCL并购汤姆逊的案例可以被划分为处于制度距离相对较低的区间内。

四 TCL并购汤姆逊整合策略分析：两个市场两种整合模式

（一）北美市场：派驻精兵强将进行全面整合

2004年9月，新成立的TTE公司正式开始运营，TCL方面的管理层根据汤姆逊全球彩电业务的开展情况进行了整合计划的制定。当时汤姆逊90%的亏损来自北美市场，而欧洲市场上的彩电业务基本处于盈亏平衡的状态。因此，TCL制定了重组北美市场、稳定欧洲市场的战略整合决策，即对北美市场进行按计划的战略转型和重组，派出精兵强将到美国，对资源进行整合；对欧洲市场则保留其以往经营平台、经营模式和管理团队，使其独立运营。

在北美市场上，TCL全力以赴地对彩电业务进行整合攻坚战。首先，合并墨西哥的三家制造工厂，对北美市场上的制造、采购、开发等多个平台进行重新规划和调整，降低制造生产的成本。其次，对北美市场上的销售业务和渠道进行全面的整合，保留主要渠道而将低效率渠道转让给当地的其他经销商，简化销售环节，降低人员成本。最后，对并购双方的研发资源进行整合，先后成立了全球研发中心和全球产品规划中心，分布于不同国家和地区，分别侧重于不同产品和技术的研发，以建立起TCL彩电业务在各个技术领域的优势地位。通过一系列的重组整合行动，北美市场彩电业务取得了很大进展，2005年在保持2004年销量的基础上整体费用大幅下降，亏损减幅超过60%，到2006年基本盈亏平衡，逆转了先前的不利局面。

（二）欧洲市场："空壳婚姻"缺乏实质性整合

反观TCL在欧洲市场的整合，由于在一开始就制定了保留经营和管理模式的整合战略方向，欧洲市场彩电业务的整合和重组计划推进迟缓，无论是经营还是管理团队都没能整合在一起，使TCL和汤姆逊之间的并购变成一种形式上的"空壳婚姻"，双方没有能够实现并购后协同效应。

由于对欧洲市场业务经营给予过低的整合程度以及给予原有管理团队过高的独立性，新公司TTE总部与汤姆逊欧洲业务中心在业务的命令与执行上不能及时匹配，导致欧洲业务中心一直还使用原来汤姆逊彩电使用的两套老旧的过时系统，无法与总部的系统实现对接，在技术上迟迟不能实现融合。而汤姆逊欧洲整个经营系统是基于CRT产品建立起来的，该系统的响应速度和效率不能适应平板产品的要求，在产品周转的过程中比竞争对手往往要慢上两个月，从而延误了新产品的投放时间。在并购后接近两年内，TTE总部对欧洲利润中心完全没有控制力，无论是在采购、研发还是产品等各个环节都没能较好地协调，致使尚未整合好的欧洲市场彩电业务的经营和管理团队没能在技术和市场转变时做出有效地调整和管理。并购后的TCL既没有及时跟上市场最新、最热门的产品生产技术，也没有对并购获取的核心技术进行充分的吸收、融合和创新性发展，技术整合和技术创新的停滞不前让欧洲业务中心也迅速地开始陷入了亏损。

五　TCL并购汤姆逊协同效应分析

2004年年底，彩电市场已经出现了由传统显像管电视向新型平板电视转变的大趋势，而此时尚未完全整合好的TCL及TTE公司显然未能对市场形势的转变做出及时的反应，无论是产品研发还是供应链管理，整个体系都没有跟上市场变化的节奏，始终比竞争者慢了一拍。并购时汤姆逊公司看似充满优势的上万项彩电专利，因为与新兴的平板电视技术毫无关系，也遗憾地变得几乎没有多少价值了。在其他的竞争对手开始上市平板彩电时，TCL 各地工厂仍然延续先前的老套路，在大量地生产传统显像管电视；直到 2005 年，TCL 的技术研发水平才能够支撑其在市场上足量地供应平板彩电，而此时，TCL 的竞争对手却早已在降价销售了。从表 7.11 中可以看出，TCL 集团在并购后专利产出方面表现平平，在并购后五年中没有出现明显的增加趋势。并购后的两年内 TCL 共推出了 100 余款新型彩电产品，其中 50 款为高端型号。然而这些新产品大都集中于传统 CRT 彩电，而没有响应欧美市场对大屏幕平板电视的需求，因此 TCL 新研发出的产品在市场上的接受度也很低，这从表 7.12TCL 彩电在全球市场上的销售量在 2005 年后开始大幅缩小中可见一斑。此次并购由于整合不力，未能给 TCL 集团带来技术方面的协同效应，TCL 集团作为曾经的全球彩电市场领导者的技术优势已经失去。

表 7.11　　　　　　TCL 集团并购前后专利指标

	2003 年	2004 年	2005 年	2006 年	2007 年
专利数量	40	23	44	24	28

资料来源：佰腾网。

表 7.12　　　　TCL 集团并购前后全球市场彩电销量　　　单位：万台

	2003 年	2004 年	2005 年	2006 年	2007 年
中国市场	782	888	923	798	714
欧洲及北美市场	11	309	613	477	252
新兴市场及 OEM	372	475	764	941	535
合计	1165	1672	2300	2216	1501

资料来源：根据 TCL 集团股份有限公司年度报告整理。

从财务数据的方面来看，由于欧洲市场上的整合不力以及产品更新缓慢，TCL 在欧洲市场上的销量遭遇"滑铁卢"，严重的存货积压情况使 TCL 的经营陷入恶性循环中。欧洲市场彩电业务的经营不善使得 TCL 在 2005 年净亏损了 3.2 亿元人民币，这个数值超过了先前三年的利润总和。连续两年的持续亏损，让 TCL 集团戴上了 *ST 的帽子，致使 TCL 不得不在 2006 年 11 月忍痛宣布退出欧洲业务，此次并购也以失败告终。从表 7.13 中可以看出，并购后 TCL 集团在经营协同、管理协同、财务协同等方面表现不佳，协同收益低下。

表 7.13　　　　　　　　TCL 集团并购前后财务指标

	2003 年	2004 年	2005 年	2006 年	2007 年
总资产（百万元）	15934.207	30735.021	30041.040	22051.207	20659.778
净资产（百万元）	2263.385	5459.385	4912.425	2975.003	3476.959
营业收入（百万元）	28254.258	40282.233	51675.606	48711.590	39062.607
利润总额（百万元）	1351.653	288.848	−1465.277	−3360.903	452.572
净利润（百万元）	570.577	245.205	−320.243	−1861.108	395.816
总资产周转率	1.773	1.301	1.720	2.209	1.891

资料来源：TCL 集团股份有限公司年度报告。

TCL 对于汤姆逊此次海外并购失利的原因，固然与前期战略准备不足、对市场认识不清有关，但总体上来说，并购后整合不足和协同创新的失败是这次海外并购未能取得预想成功的根本原因。在 TCL 并购汤姆逊这起制度距离相对较低的海外并购中，并购双方拥有较强的资源相似性，要求被整合在同一组织架构中并给予较低的目标方自主性以充分有效地融合。另外，并购双方拥有较强的资源互补性，要求温和的整合过程和赋予目标方一定程度的自主性以保护目标方具有价值的资源不受到破坏，资源相似性和互补性对最优整合程度与自主性程度的选择具有负向交互的效应，应选择一个较高的整合程度和较高的自主性程度能够最大化地发挥并购后协同效应。在并购后，TCL在北美市场进行了按计划的战略转型和重组，而对欧洲市场则任由其按照原有经营和管理模式保留原样发展，导致TCL无法将自己技术在现有基础上与汤姆逊技术进行及时整合，因此更难以针对变化迅速的欧洲市场做出反应，最终在欧洲市场上遭遇了"滑铁卢"。

第五节　沈阳机床并购希斯公司

一　沈阳机床并购希斯公司背景

沈阳机床是我国机床行业特大型国有全资企业，是中国规模最大机床制造商，主攻金属切割机床制造。沈阳机床在全国各地省、市、自治区都建立了销售网络，产品出口远销欧美近百个国家和地区。自成立以来，沈阳机床在产销量及市场占有率方面一直居于全国之首，机床产品的销售收入持续领跑世界前十。通过不断地进取求新、改革发展，沈阳机床实现了从1999年到2004年经济规模增长将近7倍，人均劳动生产率增长将近20倍。同时，沈阳机床集团积极响应中央振兴东北老工业基地战略，提出"打造世界知名品牌，创建世界知名公司"的战略发展目标，并开始注重从内涵式增长方式到外延式增长方式的转型。

德国希斯公司位于德国萨克森·安哈特州小城阿瑟斯雷本市，是一个具有140多年历史的世界知名机床制造商。100多年来历经跌宕的德国希斯为全世界船舶、重型机械、电力装备等多种重工领域提供高质量大型机床设备，其核心的重大型加工中心制造技术领跑世界机床制造产业。然而，希斯公司过量的技术研发成本投入一直存在隐忧，加之制造成本控制和企业内部管理等方面存在诸多问题，经年累月下来，矛盾逐渐凸显，最终造成资金链断裂，致使希斯公司陷入经营困境，于2004年8月1日正式宣告破产。

沈阳机床在第一时间获得了希斯公司正式宣告破产的信息，领导层迅速指挥行动，发起了收购方案和工作计划，找到希斯公司进行并购事宜的洽谈。经过历时几个月的协商谈判，沈阳机床最终在多个虎视眈眈的竞争对手中脱颖而出，于 2004 年 10 月全资收购了德国希斯公司的全部净资产以及具有百余年历史的希斯公司品牌，其中最具有价值的包括 44 台大中型机床设备和 17 个产品的全套技术。此次并购在世界机床制造业产生了不小的震动，以此为里程碑，沈阳机床开始走上了跨国经营之路，迈出了创建国际一流公司的一大步。

二　沈阳机床并购希斯公司资源联系性分析：资源相似性强互补性强

（一）并购双方产品相似性强互补性强

从产品角度来看，沈阳机床生产的机床品类繁多，其中的优势产品为金属切削机床，可以被细分为两大类：一类是数控机床（包括数控车床、数控铣镗床、高速仿形铣床、数控钻床、激光切割机、质量定心机、立式加工中心、卧式加工中心等）；另一类是普通机床（包括普通车床、卧式镗床、摇臂钻床、多轴自动车床等）。德国希斯公司的主导产品则主要包括重、大型立式车床、落地镗铣床和龙门铣床等设备。因此，同样以生产机床产品为主要产品业务方向的沈阳机床和德国希斯公司具有相当的产品相似性。进一步地来看，沈阳机床生产的机床产品的特点都是中小规格，而缺乏重大型机床产品的基础，这是过去计划经济分工所决定的。而希斯公司的主导产品为重大型机床设备，其所生产的产品被广泛应用于重工领域，例如大型工业机械、船舶、电力装备等行业，因此希斯公司所涉猎的产品细分市场领域，恰恰和沈阳机床形成互补，因此沈阳机床并购希斯公司的案例中，并购双方具有产品相似性强互补性强的特征。

（二）并购双方技术相似性强互补性强

从研发技术的角度来看，沈阳机床和希斯公司也显示出相似性和互补性均强的特征。自 20 世纪八九十年代以来，沈阳机床一直以改革、突破、创新为主旋律，致力于高端技术的投入和研发，其生产技术已由普通机床为主转向数控机床为主。在并购前沈阳机床的申请专利中，约有 90% 与数控机床技术有关。而德国希斯公司在1997 年之后，也已开始着力研究设计全新的数字机床系列产品，研发生产出包括 HORIMASTER，VERTIMASTER1 紧凑型数字机床以及 VERTIMASTER2-8 数字模块化立式车床等新型机床，可见并购双方在技术领域具有较强的相似性。但是就技术水平来说，沈阳机床虽然在国内大型装备制造企业中首屈一指，但与国际领先型机床企业所掌握的先进技术相比还是存在着一定的差距，表现在沈阳机床生产的数控机床主要由简单经济型数控机床为主，而德国希斯公司的技术已和世界主流水平比肩，能够生产技术含量较高的大型机床设备如重大型数控立式车床、重大型数控锐锥床、重大型车铣复合加工中心等，在技术前沿性方面能与沈阳机床形成有益的互补，跨越式地提升沈阳机床的研发能力，实现由中小型向重大型领域的延伸。

（三）并购双方文化相似性强互补性强

从文化资源的角度来看，沈阳机床并购德国希斯公司属于国家文化相似性高、企业文化互补性高的情形。首先从国家文化的层面来看，目标方希斯公司所在的德国与中国相比，除了在权力距离、个人主义这两个文化维度的分项上存在一定的差异以外，在不确定性规避、放纵这两个文化维度的分项上与中国距离较小，而在男性化、长期取向这两个文化维度的分项上与中国距离几乎为零，按照前文对于文化相似性/互补性的界定，此次海外并购双方在国家文化层面属于相似性极强而互补性较弱。从企业文化的层面来看，沈阳机床和希斯公司的文化差异是明显的：德国希斯公司员工做事风格严谨周密，中国沈阳机床员工做事没有德国员工的细致，但更能吃苦耐劳；德国希斯公司员工做事按部就班、循规蹈矩，较为刻板，中国沈阳机床员工做事则更具有灵活性和快速应变能力。在并购后的"混血"企业里,这可以说是两种优势互补的文化,若能够扬长避短地融合两种不同的企业文化,就能形成企业新的合力。因此,总体来说此次海外并购双方间具有一定程度的文化相似性,同时也具有一定程度的文化互补性。

三 沈阳机床并购希斯公司制度距离分析:制度距离相对较高

根据世界银行发布的世界治理指数(WGI)中的6项指标以及美国传统基金会发布的经济自由度指数(IEF)中的8项指标,共计14项指标构建制度距离变量来衡量并购方沈阳机床和目标方希斯公司所处国家之间在2004年度的正式制度发展情况的差距。表7.14给出了2004年中国和德国分别在这14个分项上的得分,以及最终计算得到的制度距离指标,为8.980,高于中国企业技术获取型海外并购样本中制度距离的中位数8.200。

表7.14　　　　　　　2004年中德制度距离指标

指标	腐败治理	政府效能	政治稳定	监管质量	法治	表达问责	商业自由
中国	-0.556	0.001	-0.361	-0.278	-0.434	-1.455	55
德国	1.863	1.535	0.628	1.490	1.630	1.473	70
指标	贸易自由	财政自由	政府支出	货币自由	投资自由	金融自由	产权保护
中国	51.4	66.4	88.4	86.4	30	30	30
德国	79.8	56.4	29.4	87.1	90	50	90
制度距离指标得分	8.980						

资料来源:根据世界银行、美国传统基金会公布数据经计算得到。

此外,我们也同样地考察并购当年中国和德国在全球竞争力指数(GCI)中的制度分项指标上的排名差距,从另一方面辅助判定此起并购中双方制度距离的高低情况。根据世界经济论坛网站公布的《全球竞争力报告(2003—2004)》中的各国竞争力指数排名可以发现,中国和德国在全球竞争力指数的制度支柱这一指标上在全球参评的 102 个国家中分别位列第 52 位、第 9 位,德国领先于中国且两方差距相对较大。这从另一个侧面补充反映出 2004 年中德两国的制度距离是相对较高的。综合以上分析,我们认为沈阳机床并购希斯公司的案例可以被划分为处于制度距离相对较高的区间内。

事实上,不同于先前三个案例的情况,在本起海外并购案例中,沈阳机床在并购德国希斯公司的过程中的确遭受到了不少来自两国制度差异方面的压力和阻碍。早在并购正式达成之前的 2003 年 10 月到 2004 年 3 月,因为在经营上出现了困难,希斯公司方面提出沈阳机床参股希斯方案,希斯公司的管理层几次访问沈阳机床,但沈阳机床希望能够控股而不是参股,希斯公司对于沈阳机床这家中国大型国有企业来控股希斯心存疑虑,双方第一次接触未能达成协议。时任沈阳机床董事长陈惠仁意识到由于沈阳机床国有控股企业的身份,在并购希斯公司时将会遭遇更多的阻力,不利于海外并购的顺利开展。但面对这样一个绝佳的机会,陈董事长当机立断把握住了商机,拒绝了其他公司联合并购的建议,利用个人德国一年内往返的签证而没有走国有企业负责人进行商业活动的签证程序,紧急飞赴德国与希斯公司方面谈判。由于中德两国在法律监管质量、商业法规、知识产权保护等政治制度、经济制度方面的差异性,谈判的过程很艰苦,德国希斯方面对沈阳机床的并购行为、并购动机以及并购后运营都充满了疑虑和猜测。可以说沈阳机床为了拿下希斯公司,在谈判工作中下了很大的功夫,对于收购后希斯公司的发展、技术资产的保护和公司员工的处置做出了十分充足的规划,才给希斯方面吃下了"定心丸",我们将在下一小节详细讨论。另外,沈阳机床知道,在德国这个国家,工会组织发挥着非常重要的作用,因此,在海外并购过程中需要特别注意与工会等组织之间的关系。事实上,在希斯公司进入破产程序后,国内外对此次并购跃跃欲试的参与者有六七家之多,而沈阳机床在诸多竞争者之中并没有特别的优势。在协商和谈判的几个月中，沈阳机床除了精心准备与希斯公司的谈判，同时也下功夫针对希斯公司所在的当地工会、银行以及希斯公司先前管理团队进行了一系列的磋商工作，来克服由于两国间政治经济制度的差异性引起的冲突。最终沈阳机床才能够从诸多竞争对手中脱颖而出，顺利接下整个希斯公司。

四　沈阳机床并购希斯公司整合策略分析：低整合程度与高目标方自主性

（一）保留希斯业务模式独立运营

在历经艰苦对德国希斯公司进行并购后，针对如何在并购后妥善地处置希斯资源和资产，不加剧由中德两国间制度差距可能引发的冲突和摩擦，沈阳机床在并购后整合方面颇费了一番思量。就整合模式而言，沈阳机床对希斯公司采取的是一种保留型的整合方式，在运营整合方面，沈阳机床并购后一直没有实质性地对德国希斯项目的运营进行过多整合。并购后的沈阳机床管理者意识到，虽然并购前希斯公司因为资金问题而宣告破产，但希斯的品牌效应仍然能够发挥作用，希斯公司所拥有的顶尖技术和高端品牌仍然在世界范围内具有广泛的认同度。根据这一思路，沈阳机床很快制定了并购整合策略：希斯公司在并购后仍是一个拥有产品研发、制造、销售、服务等完整价值链的独立法人企业，为沈阳机床提供高端产品研发制造、国际市场开拓提升以及专业人才建设培训。重要机械和零部件的开发、设计和制造仍由希斯公司独立地负责，组装则在沈阳完成，这样的安排能够大大降低生产成本。如此一来，德国希斯业务和沈阳机床国内业务各司其职，相对独立，既保留了德国希斯业务的完整性使其能够充分发挥技术优势，又能够利用中国的人力和制造资源降低成本，一举两得。

（二）"弱控制"实现"德国自治"

并购希斯公司是沈阳机床实施国际化经营的长期战略行为，为了更好地安抚德国员工的人心，克服方方面面的阻碍，在并购之初沈阳机床就确立了三项基本的原则：一是确保并购后的希斯公司取得新的、更好的发展，而绝不会将其转卖来谋求经济利益；二是保持希斯公司的德国本地化发展，而不会要求把希斯公司迁移到中国去；三是主要依靠希斯公司本土的管理团队和雇员做好经营和管理工作。把这三项基本原则归结起来，就是属地化经营，用属地化人才。正是通过这份诚意，才得以使沈阳机床在并购谈判时打动了充满疑虑的德国希斯，克服了中德制度观念上的屏障，最终拿下了这次海外并购。在并购之后的整合过程中，沈阳机床也一直信守承诺：迄今为止，新希斯公司中只有两名中方管理人员，一是时任沈阳机床集团董事长陈惠仁，二是时任沈阳机床总裁耿洪臣，而且他们负责的，仅仅是定期赴德国对企业发展战略进行一定的商讨和把控，具体负责企业日常运营管理、技术研发的则是德国本土的职业经理人尼采博士。在先前的并购谈判中，沈阳机床曾做出承诺，拟定聘任希斯公司的135名本土员工，而并购后沈阳机床实际聘任了140名希斯公司原先员工，并逐渐发展到了200多名。可以说，沈阳机床在并购后对希斯公司施加的是一种弱控制，在很大程度上实现了"德国自治"和"德人自治"。

五　沈阳机床并购希斯公司协同效应分析

通过并购后的合理整合模式，沈阳机床对希斯公司的这起海外并购实现了较好的预期协同效应：通过希斯公司的销售渠道，沈阳机床的产品成功打进欧洲市场，并购后沈阳机床出口份额的1/3是由欧洲市场贡献的；通过向希斯公司进行不断的技术学习，沈阳机床成功地培养和储备了大批掌握世界一流机床技术的人才；更为关键的是，通过对希斯公司的先进技术力量和技术专利进行吸收和利用，沈阳机床顺利掌握了重大型机床生产的高端技术，实现了海外并购技术获取的初衷。

从并购后的技术研发方面看，沈阳机床并购希斯公司后的专利产出呈现上升趋势（见表7.15），且与大中型机床有关的专利占大多数，表明沈阳机床并购希斯公司取得了较好的技术协同。在并购后较短的时间内，沈阳机床产品技术有了大幅的提升，并顺利实现产业规模化。2006 年，中国数控机床展在上海隆重举行，沈阳机床展示出了融合希斯公司技术研发的龙门移动式车铣加工中心，该新产品凝结了世界顶尖技术方案，在全球 13 个国家和地区的近百家知名机床企业参展的所有产品中拥有最高的技术含量，获得了业界的一致好评。

表 7.15　　　　　　　　　沈阳机床并购前后专利指标

	2004 年	2005 年	2006 年	2007 年	2008 年
专利数量	0	2	2	8	6

资料来源：佰腾网。

　　从并购后沈阳机床在经营规模、财务利润、国际地位等方面的提升来看，沈阳机床并购希斯公司取得较好的经营、管理、财务等协同效应。在 2002 年，沈阳机床在世界机床业阵营中还未露头角，销售收入在 13 亿元左右，排世界第 36 位。2004 年，通过海外并购希斯公司，沈阳机床当年年产机床量上升至 5 万台，是 1999 年的 10 倍，全年实现销售收入 40 亿元，进入世界机床 15 强的阵营之中。在接下来的数年内，沈阳机床不断涌现出令人惊喜的经营表现，2007 年经济规模突破 100 亿元，实现数控机床的大批量生产，全年销售收入排中国第 1 位，世界第 8 位，2008 年继续上升至世界第 7 位。而到 2011 年，沈阳机床集团销售收入突破性地达到 180 亿元，从经营规模和产品数量两个指标来看，都已位居世界首位。表 7.16 给出了并购后五年内沈阳机床的资产、利润、营业收入、周转率等指标变化情况，从中我们可以更为直观地看出沈阳机床并购德国希斯公司后在各方面取得的协同收益增长。

表 7.16　　　　　　　　沈阳机床并购前后财务指标

	2004 年	2005 年	2006 年	2007 年	2008 年
总资产（百万元）	4516.766	5274.114	5524.856	7325.706	9328.337
净资产（百万元）	848.372	1031.024	1174.660	1284.051	1295.426
营业收入（百万元）	3111.801	4348.517	5283.559	5883.384	6545.420
利润总额（百万元）	78.105	183.496	247.658	173.092	60.847
净利润（百万元）	59.024	95.360	133.261	75.253	21.192
总资产周转率	0.689	0.825	0.956	0.803	0.702

资料来源：沈阳机床年度报告。

　　在沈阳机床并购德国希斯公司这起并购双方制度距离相对较高的技术获取型海外并购中，中德双方制度环境和制度观念的差距为并购准备阶段带来了不少阻碍和曲折。为了克服这些困难，促进并购和整合的成功进行，沈阳机床也针对性地做了许多充分的准备，付出了比旁人更多的努力和智慧去跨越和适应双方制度差异所带来的阻力。在并购后的整合阶段，虽然在这起海外并购中，并购双方间具有资源相似性和互补性均强的特征，但为了消除海外目标方的顾虑和敌对情绪，并购后沈阳机床并没有贸然地进行双方经营、业务、人员方面的深度整合，而是采取了一种较浅的保留型整合模式，同时给予了希斯公司很强的自主性。沈阳机床属地化管理、属地化经营的整合措施体现了对希斯公司及其员工的利益的充分尊重，使并购后的希斯公司员工真正地放下心来，并购双方最终形成了协作和信任机制。并购后的沈阳机床从该起海外并购中获得了较好的协同效益，成功地提升了生产中大型机床的技术能力和自身在全球市场上的竞争力，实现了跻身世界机床行业第一梯队的目标。

第六节　案例间横向对比

　　在上文的分析中，我们共选取了五起中国企业技术获取型海外并购案例，这五起案例属于并购双方制度距离高低不同的情形，同时囊括了并购双方资源相似性强互补性弱、并购双方相似性弱互补性强、并购双方相似性强互补性强三种不同特征。在制度距离与资源特性的交互影响下，不同的技术获取型海外并购方选择了不同的并购后整合模式，通过将不同案例理论整合模式与实际整合模式进行对比，进而分析其并购后协同效应的实现情况，我们得以对先前章节提出的理论假设进行基于中国企业案例研究的检验。表7.17总结了上述这五起中国企业技术获取型海外并购中并购双方的制度距离、资源相似性互补性特征，应采取的理论整合模式和实际整合模式，以及并购后协同效应实现程度的评价。

表 7.17　　　　　　　案例横向对比与总结

案例	制度距离	资源特征	理论整合模式	实际整合模式	是否匹配	协同效应
上海电气并购高斯国际	相对较低	相似性强互补性弱	高整合程度低自主性	高整合程度低自主性	是	高
中联重科并购CIFA	相对较低	相似性弱互补性强	低整合程度高自主性	低整合程度高自主性	是	高
中鼎股份并购COOPER	相对较低	相似性强互补性强	较高整合程度较高自主性	较高整合程度较高自主性	是	高
TCL并购汤姆逊	相对较低	相似性强互补性强	较高整合程度较高自主性	低整合程度高自主性	否	低
沈阳机床并购希斯公司	相对较高	相似性强互补性强	低整合程度高自主性	低整合程度高自主性	是	高

从表7.17中可以看到，前四起案例属于技术获取型海外并购双方制度距离相对较低的情形。在上海电气并购高斯国际的案例中，并购双方在产品、技术、文化等资源方面属于资源相似性强互补性弱的特征，并购后上海电气通过推进一体化管理和一体化营运，采取了高整合程度并且给予目标方低自主性程度，不仅促进了相似技术的吸收融合，同时控制和压缩了费用、增加盈利，从而提升了整

体竞争力实现并购后协同。在中联重科并购 CIFA 的案例中，CIFA 公司具有品牌、研发、工艺以及遍布全球的销售网络体系等优势，和中联重科在市场、技术等诸多方面具有资源相似性弱互补性强的特征，并购后中联重科秉承"意人治意"的原则，支持 CIFA 的自主发展，通过匹配低整合程度和高目标方自主性程度，并购双方逐渐建立起相互信任与协同发展机制，在并购后巩固了中联重科在行业内的技术领先优势和市场领导地位，促进了协同效应的实现。在中鼎股份并购 COOPER 的案例中，并购双方在产品、技术和市场等资源方面既有重合又有互补空间，属于相似性强互补性也强的情形，并购后中鼎股份通过其独特的反向投资整合模式，既保留海外目标方公司的独立运营权，又通过技术研发、市场品牌的互相吸收融合共享来促进并购双方之间的"化学反应"，从而提升自身的技术能力、市场地位和盈利能力，实现并购协同效应。而反观 TCL 并购汤姆逊的案例，并购双方资源相似性和互补性均强，要求并购双方在并购后整合阶段在一定程度上被整合在同一组织架构中以促进资源的充分有效地融合，同时要求赋予目标方一定程度的自主性以保护目标方具有价值的资源不受到破坏。然而并购后，TCL 对于汤姆逊欧洲市场采取了将其与集团总部分离、任由其按照原有经营和管理模式保留原样发展的整合策略，导致 TCL 总部和欧洲业务部之间无法进行高效的技术沟通，更难以针对变化迅速的欧洲市场做出反应，最终在欧洲市场上遭遇了"滑铁卢"，难以实现预期的并购后协同效应。以上四个案例的结果印证了第三章理论分析的内容，为前文假设 1a—假设 1c 的验证提供了支撑。

与前面几起案例有所不同的是，在最后一起沈阳机床并购希斯公司的案例中，并购双方中德两国之间面临着较高的制度距离，导致在并购前期准备阶段并购方沈阳机床就遭遇了不少来自海外目标国政府和工会的阻碍，使并购的过程非常艰辛曲折。在这一前提下，虽然并购方沈阳机床和目标方德国希斯公司存在较强的资源相似性和资源互补性，但为了消除海外目标方的顾虑和敌对情绪，并购后沈阳机床并没有贸然地进行双方经营、业务、人员方面的整合，而是采取了一种较浅的保留型整合模式，同时给予希斯公司很强的自主性，从而逐渐打消了并购后希斯公司管理层和员工的疑虑和不信任，使得沈阳机床从该起海外并购中获得了较好的协同效益。以上案例分析的结果为前文假设2的验证提供了支撑。

第七节　本章小结

承接前文章节的分析，本章选取上海电气并购高斯国际、中联重科并购CIFA、中鼎股份并购COOPER、TCL并购汤姆逊、沈阳机床并购希斯公司五起具有代表性的中国企业技术获取型海外并购案例，从成功案例与失败案例两方面来分析在技术获取型海外并购双方制度距离高低不同情形下，并购后整合程度与目标方自主性程度的选择应如何与并购双方资源相似性、互补性联系性相匹配，以最大化海外并购后协同效应。从案例的分析与横向对比中可以看出，在技术获取型海外并购双方制度距离相对较低的情形下，并购后整合策略与并购双方资源特征匹配在实现并购协同效应中的重要性：当并购双方资源相似性强互补性弱时，应匹配高整合程度与低目标方自主性，如上海电气并购高斯国际；当并购双方资源相似性弱互补性强时，应采取低整合程度与高目标方自主性，如中联重科并购CIFA；当并购双方资源相似性、互补性均强时，应采取较高整合程度与较高目标方自主性，如中鼎股份并购COOPER；TCL并购汤姆逊正是因为并购后整合模式不当，才遭遇失利。而在技术获取型海外并购双方制度距离相对较高的情形下，无论并购双方属于哪一种资源联系性特征，应采取低整合程度与高目标方自主性，如沈阳机床并购希斯公司。本章结论为前文理论假设提供了案例支撑。

第 八 章

总 论

第一节 研究路线与主要结论

一 研究路线总结

本书围绕技术获取型海外并购整合与目标方自主性这一焦点，从海外并购双方资源相似性与互补性的视角切入，开展技术获取型海外并购整合与目标方自主性的理论研究，并通过数理建模、动态仿真、中外对比实证分析和案例分析等多种方法论来检验和支持理论的发展。本书强调资源相似性、互补性及其交互作用，研究为了实现技术获取型海外并购协同效应最大化这一目标，与并购双方资源相似性互补性强弱特征相匹配的并购整合程度与目标方自主性策略选择，并且考察海外并购双方制度距离对上述匹配模式的有效性的影响，为中国企业提供有益的经验借鉴。

在理论机理分析与论证部分，本书首先构建了一个基于资源相似性与互补性视角的技术获取型海外并购整合与目标方自主性研究的主要理论机理框架，为后续研究奠定理论基础。通过理论研究，我们首先分析了技术获取型海外并购整合程度与目标方自主性对并购后协同效应的作用机制，在此基础上阐释了应如何选择与并购双方资源相似性互补性强弱特征相匹配的整合程度与目标方自主性决策以实现并购后协同效应的最大化,并且探讨了并购双方制度距离对上述匹配模式有效性的影响,从而构建了不同制度距离下技术获取型海外并购双方资源联系性、整合策略、并购协同效应三者之间关系的综合性分析框架。

在数理模型分析部分,本书基于 Guadalupe 等(2012)关于异质性企业通过跨国并购进行技术创新的模型框架,使用数学建模的方法构建一个垄断竞争条件下的技术获取型海外并购整合的数理模型,结合前文理论机理部分的思想,根据跨国公司追求并购后协同收益最大化的动机,尝试刻画海外并购双方资源相似性、资源互补性、制度距离等因素在技术获取型海外并购整合阶段中的作用,从而得出在海外并购双方制度距离高低不同情形下,与并购双方资源相似性互补性特征相匹配的最优整合程度和目标方自主性的数理表达方式,利用数学工具为前部分理论框架提供了逻辑支撑。

在仿真分析部分,本书基于资源相似性与互补性及其交互作用视角,探索在海外并购双方制度距离高低不同情形下,与技术获取型海外并购双方资源相似性互补性不同强弱组合相匹配的整合程度与目标方自主性对于并购协同效应的动态影响规律。仿真模型弥补了静态数学模型的不足,通过动态实验揭示出在海外并购双方制度距离高低不同情形下,根据技术获取型海外并购双方资源相似性互补性不同强弱组合选择不同整合程度与目标方自主性对并购后协同效应的作用机制,验证并掌握其动态演化规律。

在实证分析部分,本书以中国企业技术获取型海外并购事件和韩国企业技术获取型海外并购事件为样本,通过中外对比实证研究,检验在海外并购双方制度距离高低不同情形下,为实现并购协同效应最大化的目标,资源相似性互补性特征与整合程度、目标方自主性程度之间的匹配。本部分研究的结果在验证了理论假设的同时,也揭示了中国样本和韩国样本之间存在的差异以及从韩国样本中可能得到的有益启示,填补了现有文献从中外对比的角度对并购整合问题进行实证研究的缺失。

在案例研究部分，本书甄选中国企业技术获取性海外并购双方资源相似性、互补性不同强弱组合情况下的五个典型案例，通过对其资源联系性、制度距离、并购整合策略、并购协同效果的分析，探讨在海外并购双方资源相似性互补性强弱不同、制度距离不同等条件下，为最大化并购协同效应，应与之匹配的最优整合程度与目标方自主性。通过对案例进行横向对比，总结成功经验，吸取失败教训，为中国企业技术获取型海外并购及整合提供经验借鉴。

二 研究主要结论

相比于一般性的国内并购，中国企业技术获取型海外并购所要面临的整合难题更为突出，恰当的整合实施对于实现技术获取型海外并购初衷的重要性毋庸置疑。我们认为，对于这一类型的海外并购，整合阶段的主要关注点在于采取的整合程度以及给予目标方企业的自主性程度，并且需要与并购双方的资源联系性特征以及并购发生环境的制度特征相匹配。通过理论分析辅以数理建模、仿真分析、实证研究、案例研究等多种方法的检验和论证，本书得到的主要结论如下：

第一，技术获取型海外并购整合程度与目标方自主性对于并购后协同效应的影响并不是单一方向的，而是既有促进作用又有损害作用。整合程度通过技术转移促进知识的流动和融合、通过资源优化配置提高经营效率来促进并购协同，但同时带来冲突和整合成本从而损害并购协同；目标方自主性通过保护研发人员的生产力和生产积极性、保证关键资源和已建立路径的存续来促进并购协同，但同时可能阻碍资源的吸收和共享从而损害并购协同。为发挥整合程度与目标方自主性的积极作用、规避其消极作用，从而达成并购后协同效应的最大化，技术获取型海外并购整合程度与目标方自主性的最优选择不是任意的，而是受到海外并购整合主体本身的特征——海外并购双方资源相似性互补性强弱，以及海外并购整合发生环境的特征——海外并购双方制度距离的约束。

第二，在技术获取型海外并购双方制度距离较低的情形下，海外并购整合主体本身的特征在海外并购资源转移和整合的过程中起到主要作用，因此并购后整合程度与目标方自主性决策应与并购双方资源相似性互补性强弱特征相匹配，方能实现并购后协同效应的最大化。具体来说，在技术获取型海外并购双方制度距离较低的情形下，并购双方资源相似性强互补性弱，应匹配高整合程度和低目标方自主性程度，有利于并购后协同效应的实现；资源相似性弱互补性强，应匹配低整合程度和高目标方自主性程度，有利于并购后协同效应的实现；资源相似性强互补性强，应匹配较高整合程度和较高目标方自主性程度，有利于并购后协同效应的实现。

第三，在技术获取型海外并购双方制度距离较高的情形下，海外并购整合发生环境的特征在海外并购资源转移和整合的过程中起到主要作用，由于制度距离很高，并购交易和后续整合失败的风险大大提高，制度距离的强烈作用使得资源联系性与整合策略之间的匹配效应被消减削弱，整合策略的选择因此更依赖于制度距离本身的影响。在技术获取型海外并购双方制度距离较高的情形下，整合的成本是如此高昂以至于将会超过可能带来的收益；同时，保护内嵌在目标方中的资源以及保护目标方员工的合作积极性成为促进并购后整合成功进行的先决条件，此时并购方总是选择低整合程度及高目标方自主性程度，有利于并购后协同效应的实现。

第二节 理论进展与现实意义

一 理论进展

本书基于资源基础理论与制度理论的思想，围绕技术获取型海外并购中的整合程度与目标方自主性这一研究焦点，针对并购双方资源联系性、整合策略、并购后协同效应三者之间的关系，以及并购双方制度距离高低在其中的影响作用进行了分析和阐述，运用多种方法论验证理论假设，得到了一些有益的结论，在该领域的理论推进方面主要做了以下两个方面的工作：

首先，本书基于资源相似性、互补性的角度，考察资源联系性与并购后整合策略的匹配，同时考虑这种匹配对于并购后协同效应的影响作用，形成一条考虑三者之间关系的连贯的逻辑链条。先前研究（Datta and Grant，1990；Haspeslagh and Jemison，1991；Jemison and Sitkin，1986；Puranam et al.，2009；Zaheer et al.，2013）对海外并购整合的前因（基于并购双方资源联系性的并购整合策略选择）以及后果（整合策略对于并购协同效应的进一步影响）仍属两块割裂的研究，脱离了并购协同效应这一最终目的而仅讨论资源联系性与整合策略之间的关系得到的结论难免有失全面。本书在区分和阐述了整合程度与目标方自主性作为并购整合策略的两个方面对并购后协同效应的不同作用机制的基础上，构建了为使并购后协同效应最大化，技术获取型海外并购双方资源联系性与整合策略之间匹配关系的较为完善的理论框架，对现有理论进行了推进；

其次，本书特别关注了海外并购不同于一般国内并购的制度因素，考察海外并购双方制度距离高低对于上述资源联系性与整合策略之间匹配模式有效性的影响，提出在制度距离高低不同情形下，为实现并购后协同效应最大化，技术获取型海外并购最优整合程度和目标方自主性选择。制度理论和资源理论均为战略管理领域中的经典理论，两者并不互相背离；然而在现有海外并购整合领域的研究中，通常只从单一理论视角出发研究问题，没有很好地将基于制度的理论和基于资源基础观的理论有机地结合在一起，并且基于制度距离与海外并购整合管理战略之间关系的研究还相当零散和薄弱（Chao and Kumar，2010；Demirbag et al.，2007；Elango et al.，2013；Schwens et al.，2011）。本书将制度理论视角与资源理论视角有机结合在一起，对以往单一视角下的海外并购整合研究形成了有益的补充。

二 现实意义

通过到海外收购先进的技术，企业能够更好地应对竞争的速度、成本和技术发展的复杂性等问题，提升自身的技术创新能力，创造协同潜力，因此技术获取型海外并购已成为当今中国企业实现跨越式发展的快速通道。然而，对于"走出去"的中国企业来说，完成海外并购仅仅是一个开始，做好并购后的整合工作，实现预期的并购协同效应才是关键。本书的研究结论对于中国技术获取型海外并购企业如何合理地制定和实施海外并购后整合策略以最大化地实现并购后协同效应具有一些现实指导意义：

首先，管理者应该充分认识并购后整合实施对于技术获取型海外并购成功的重要意义。相比于一般性的国内并购，中国企业技术获取型海外并购所要面临的整合难题显得更加突出：一方面，中国技术获取型海外并购企业具备的技术水平、文化背景等普遍与处于发达国家的目标方具有一定的差距，加大了资源交互融合的成本，增加了整合的摩擦效应，使得并购的协同收益实现起来比较困难。另一方面，中国技术获取型海外并购企业的经营、管理能力在很多时候弱于处于发达国家的目标方企业，因而在并购后阶段可能由于缺乏整合能力或整合策略实施不当，导致目标方管理层和人员流失，影响海外并购协同效应的发挥。因而整合阶段的成败对于技术获取型海外并购的成败至关重要，中国技术获取型海外并购企业应在实践中不断积累海外投资经验，同时注重海外并购整合能力的提升和建设，培养和组织优秀的整合管理团队；

其次，管理者应该意识到，并没有一种固定的整合模式适用于所有类型的技术获取型海外并购：整合程度与目标方自主性程度的高低选择对于并购协同效应的实现有促进作用也有损害作用，不能一概而论。在制定技术获取型海外并购整合策略时，管理者需要仔细地甄别海外并购双方的资源特征以及海外并购的制度环境特征，并以此为依据选择与之匹配的并购整合策略。当并购双方制度距离相对较低时，应关注并购双方资源相似性互补性特征与整合策略的匹配：若资源相似性强互补性弱，应选择高整合程度和低自主性程度，促使双方资源在同一组织架构下的高效合并和吸收，促进协同实现；若资源相似性弱互补性强，应选择低整合程度和高自主性程度，保护目标方具有价值的差异性资源不受损害，发挥协同潜力。若资源相似性与互补性均强，考虑到相似性、互补性的交互作用，应选择较高的整合程度与较高的自主性程度促进并购协同。而当并购双方制度距离相对较高时，并购整合失败的风险大大增加，此时无论并购双方资源相似性、互补性强弱，保护内嵌在目标方中的资源、尽可能地避免摩擦成本成为并购整合推进的先决条件，因此管理者应选择低整合程度与高自主性程度，利用温和的整合策略来最大限度地缓减制度因素带来的整合风险。中国技术获取型海外并购企业应在并购前收集信息或借助经验丰富的中介机构对海外目标方的各方面情况以及海外并购所处的外部政治、经济、社会、法律环境等进行审慎、充分的研判和评估，在掌握准确信息的基础上进行最优的并购整合决策。

第三节　研究局限与未来研究方向

一　研究局限

受制于各种主客观的因素，本书也存在一些研究局限。其一，本书以资源相似性与互补性为视角切入，研究技术获取型海外并购整合与目标方自主性对于并购后协同效应的影响，但对于资源相似性与资源互补性内涵的丰富和拓展，本书仍有不足，主要体现在未能识别和区分不同的资源相似性与互补性维度在技术获取型海外并购整合中的各自影响机制和作用。尽管在实证和案例部分，本书为弥补这一不足，对并购双方资源相似性互补性进行了产品、技术、文化等维度上的细分，但未来在其理论机制方面仍待完善。其二，由于目前我国对于海外并购企业整合层面的数据缺乏统计，给本书的研究，特别是实证研究部分带来了一定的困难，主要体现在：一是许多并购事件由于无法观测和收集到其并购后具体整合行为和策略，导致无法成为有效样本，被从本书的研究范围中舍去。二是对于能够收集到整合信息的样本，由于整合程度与目标方自主性的测量缺乏客观、定量的数据来源，尽管本书在借鉴了现有研究的基础上，选取了对整合程度与目标方自主性相对科学的处理方法，但仍不可避免部分数据本身的主观性，也限制了本研究的进一步细化。

二 未来研究方向

本书基于资源相似性与互补性的视角，对于技术获取型海外并购中的整合与目标方自主性研究尝试进行了一些有益的探讨，未来研究在如下方向还有进一步拓展的空间：

首先，本书将技术获取型海外并购后整合策略划分为整合程度的选择和目标方自主性的选择两个方面，并研究了两者在并购后协同价值创造阶段的不同影响作用。未来研究可以对并购整合策略的内涵进行进一步的丰富，引入整合策略的其他方面，例如整合速度等；类似地，对于并购双方资源相似性与互补性的内涵也可进一步拓展，研究不同维度上的资源相似性互补性的细分作用机制。

其次，本书以资源相似性与互补性的视角，考察了与海外并购双方资源相似性、互补性特征相匹配的并购整合程度、目标方自主性选择，以最大化并购后协同效应。除了并购双方的资源联系性，是否还有其他同样重要的特征会影响技术获取型海外并购整合策略的选择？未来研究可以以此为切入点进行进一步的深化和探索，并且可以探讨新的影响因素与资源联系性因素的交互作用对于并购整合策略选择的影响。

最后，本书在"资源联系性—并购整合策略—并购协同效应"

三者综合研究框架中加入了对制度距离因素的考察，对先前研究的单一视角进行了补充，但目前的研究成果仍属基础性的探讨。未来研究可以对技术获取型海外并购双方制度因素在并购整合过程中的作用机制进行更为深入的探析，或将制度距离进一步细分为规制性、规范性、认知性等具体的维度，来分析其不同影响机制，应是一个有意义的研究方向。

附　　录

第五章动态仿真程序代码

```
globals [
    V
    step
    seff
    speff
    B
    T
  ]

turtles – own [eff]

patches – own [peff gain]

to setup
    ca
    set V 0
    set B 0
```

```
set T 0
setup - patches
setup - turtles
set step 1
set speff 0
set seff 0
do - plots
end


to setup - patches
    ask  n - of 100 patches [set pcolor green]
    ask   patches [set peff 0]


end


to setup - turtles
    ask n - of 100 patches
    [sprout 1 [set eff 0
               set color yellow]]
end


to go
    move - turtles
    set B random - float 1
    set T 1 + random - float 4
    set speff 0
    set seff 0
    integration
    do - plots
```

```
    set step step + 1
    if step > = 100 [stop]

end


to move - turtles
    ask turtles [rt random 360
fd 1]
end


to integration
    ask turtles [ set gain 0
    if pcolor = green [    set pcolor black
   if T < =3 and B > =0.5[set gain((1 -0.2 * (1 - B^2)) * (1 +
0.8 * (1 - B^2) +0.2 * (B^(1/2))) *2 * T - (1 -0.8 +0.2 +0.2)/
2 * T^2)
    set peff((1 -0.2 * (1 - B^2)) * (1 +0.8 * (1 - B^2) +0.2 * (B^
(1/2))) *2 * T - (1 -0.8 +0.2 +0.2)/2 * T^2)
                           set pcolor green
                    ]
                  ]
    set V sum [peff] of patches

    ]

end


to do - plots
    set - current - plot " all"
```

set – current – plot – pen " peff"

plot V

end

2000—2013 年中国技术获取型海外并购一览

序号	日期	并购方	目标方	所属行业	国家/地区
1	2000 年 9 月	陕西金叶	德州国家塑胶有限公司	印刷	美国
2	2000 年 9 月	华工科技	FARLEY – LASERLAB 公司	电子设备	澳大利亚
3	2001 年 6 月	海尔集团	Meneghetti 冰箱厂	家用电器	意大利
4	2001 年 9 月	华立集团	飞利浦 CDMA 移动通信部门	仪器仪表	美国
5	2002 年 8 月	上海电气	秋山印刷制造公司	机械	日本
6	2002 年 9 月	TCL 集团	施耐德彩电业务	电子设备	德国
7	2002 年 10 月	上海华谊集团	MPS 公司	电子设备	美国
8	2003 年 2 月	上海机电	沃伦贝格公司	机械	德国
9	2003 年 4 月	大连机床集团	英索尔生产系统公司	机械	美国
10	2003 年 5 月	中集集团	HPA Monon 公司	机械	美国
11	2003 年 10 月	上海明精机床	池贝公司	机械	日本
12	2004 年 1 月	TCL 集团	汤姆逊公司	电子设备	法国
13	2004 年 4 月	TCL 集团	阿尔卡特手机业务	电子设备	法国
14	2004 年 10 月	沈阳机床	希斯公司	机械	德国
15	2004 年 10 月	飞雕电器集团	ELIOS 公司	电子设备	意大利
16	2004 年 10 月	上工申贝	DA 公司	机械	德国
17	2004 年 12 月	联想集团	IBM 个人电脑业务	计算机	美国
18	2005 年 3 月	哈尔滨量具刃具集团	凯狮公司	精密工量具	德国
19	2005 年 4 月	大连机床集团	兹默曼公司	机械	德国
20	2005 年 7 月	南京汽车集团	罗孚汽车公司	汽车制造	英国

续表

序号	日期	并购方	目标方	所属行业	国家/地区
21	2005年9月	钱江摩托	贝纳利公司	摩托车制造	意大利
22	2005年10月	北京第一机床厂	瓦德里希·科堡公司	机械	德国
23	2005年10月	四川长虹	Sterope公司	电子设备	美国
24	2006年4月	中国化工集团	凯诺斯公司	化工	澳大利亚
25	2006年4月	飞跃集团	MIFRA公司	电子产品	意大利
26	2006年6月	杭州机床集团	ABA Z&B 磨床公司	机械	德国
27	2006年7月	芯原股份	LSI LOGIC公司的数字处理器部门	电子设备	美国
28	2006年8月	尚德电力	MSK公司	太阳能光伏	日本
29	2006年10月	吉利控股	锰铜公司	汽车制造	英国
30	2006年10月	中国蓝星	安迪苏公司	化工	法国
31	2006年12月	上海东宝生物医药	FERRING制药公司	制药	瑞典
32	2006年12月	宁波华翔	劳伦斯公司	汽车零部件	英国
33	2006年12月	浙大网新	Comtech公司	计算机	美国
34	2007年1月	中复连众集团	NOI公司	复合材料	德国
35	2007年1月	深圳雅图	斯曼特公司	光学	美国
36	2007年2月	海辉软件	Envisage Solutions	软件	美国
37	2007年5月	沈阳北方重工集团	NFM公司	装备制造	法国
38	2007年6月	海尔集团	三洋电器	家用电器	日本
39	2007年9月	山河智能	HPM EUROPE SPA	装备制造	意大利
40	2007年11月	美维控股	Aspocomp公司	印刷	芬兰
41	2007年11月	福耀玻璃工业集团	SCHE35公司	汽车玻璃	德国
42	2008年1月	展讯通信	Quorum系统公司	通信器材	美国
43	2008年2月	金风科技	VENSYS公司	风电设备制造	德国
44	2008年2月	软通动力	Akona Consulting公司	信息技术	美国
45	2008年4月	尚德电力	KUTTLER公司	太阳能光伏	德国
46	2008年6月	中集集团	TGE公司	机械	德国
47	2008年6月	中鼎股份	AB公司	交通运输设备制造	美国
48	2008年9月	中联重科	CIFA公司	装备制造	意大利
49	2008年10月	天水星火机床	索玛公司	机械	法国
50	2008年10月	南车时代电气	Dynex Power公司	工业机械	英国

续表

序号	日期	并购方	目标方	所属行业	国家/地区
51	2009年1月	联想集团	SwitchboxLabs公司	计算机	美国
52	2009年1月	环宇显示技术	OTB显示公司	光学仪器	荷兰
53	2009年1月	潍柴动力	马赛公司博杜安动力	交通运输设备制造	法国
54	2009年3月	吉利控股	DSI公司	汽车制造	澳大利亚
55	2009年11月	京西重工	德尔福公司	汽车零配件	美国
56	2009年4月	侨兴集团	飞思卡尔无线通信事业部	通信设备	美国
57	2009年7月	盛世游艇制造	戴拉·沛塔游艇公司	游艇制造	意大利
58	2009年7月	赛维LDK太阳能	SGT公司	太阳能光伏	意大利
59	2009年8月	东软集团	Sesca Oy公司	信息技术	芬兰
60	2009年8月	湘潭电机	达尔文公司	机械	荷兰
61	2009年9月	辽宁高科	Evatech公司	电力设备	日本
62	2009年9月	安徽中鼎密封件	迈尔斯工业	交通运输设备制造	美国
63	2009年10月	天威新能源	HOKU SCIENTIFIC公司	电力设备	美国
64	2009年11月	北汽控股	通用汽车公司萨博资产	汽车制造	美国
65	2009年12月	中航工业西安飞机工业集团	FACC公司	航空工业	奥地利
66	2009年12月	宁波韵升	日升电机	化工材料	日本
67	2010年2月	美新半导体	Crossbow公司	电子产品	美国
68	2010年3月	重庆机电	霍洛伊德精密公司	工业机械	英国
69	2010年6月	上海电气	高斯国际	机械	美国
70	2010年7月	海辉软件	ISL公司	信息技术	日本
71	2010年8月	吉利控股	沃尔沃公司	汽车制造	美国
72	2010年10月	软通动力	ASCEND技术公司	信息技术	美国
73	2010年10月	大连橡胶塑料机械	麦克罗公司	机械	加拿大
74	2010年11月	太平洋世纪汽车	通用汽车的全球转向器业务Nexteer	汽车组件	美国
75	2010年11月	赫格雷(大连)制药	URO科技有限公司	制药	加拿大
76	2010年11月	华为科技	M4S公司	电子设备	比利时
77	2010年12月	复星医药	Chindex Medical公司	制药	美国
78	2010年12月	浙江飞尔康通信技术	FIRECOMMS公司	通信设备	爱尔兰
79	2011年1月	苏州固锝电子	明锐光电	电子设备	美国

续表

序号	日期	并购方	目标方	所属行业	国家/地区
80	2011年1月	中国蓝星	艾肯公司	化工	挪威
81	2011年1月	株洲时代新材料科技	代尔克公司	化工	澳大利亚
82	2011年1月	四维图新	Mapscape公司	电子设备	荷兰
83	2011年2月	北汽集团	WEIGL集团瑞典变速箱厂	汽车制造	瑞典
84	2011年2月	湖南科力远新能源	松下湘南工厂	电子设备	日本
85	2011年3月	中航工业	西锐公司	航空工业	美国
86	2011年4月	均胜汽车电子	普瑞公司	汽车零部件	德国
87	2011年4月	永强集团	MWH公司	机械	德国
88	2011年4月	赛维LDK太阳能	SPI公司	太阳能光伏	美国
89	2011年5月	万兴科技	SPOTMAU公司	信息技术	美国
90	2011年6月	海纳川汽车部件	英法纳集团	汽车零部件	荷兰
91	2011年6月	秦皇岛天业通联重工	EDEN公司	装备制造	意大利
92	2011年6月	太原矿山机器集团	威利朗沃矿业设备	专用设备	澳大利亚
93	2011年7月	中信戴卡轮毂	凯世曼铸造公司	汽车零部件	德国
94	2011年7月	中航光电	NEC公司	电子设备	日本
95	2011年7月	中国一拖集团	McCormick法国工厂	工业机械	法国
96	2011年7月	安徽中鼎密封件	Cooper公司	交通运输设备制造	美国
97	2011年7月	山东重工集团	法拉帝公司	装备制造	意大利
98	2011年7月	展讯通信	泰景系统公司	通信器材	美国
99	2011年8月	内蒙古福瑞中蒙药科技	ECHOSENS SA公司	制药	法国
100	2011年8月	卧龙控股集团	ATB公司	电力设备	奥地利
101	2011年11月	宁波华翔	SELLNER公司	汽车零部件	德国
102	2011年12月	漫步者	STAX公司	电子设备	日本
103	2011年12月	大族冠华	筱原公司	印刷机械	日本
104	2011年12月	徐工集团	FT公司	装备制造	德国
105	2012年1月	三一重工	普茨迈斯特公司	装备制造	德国
106	2012年2月	浙江盾安人工环境	Microstaq公司	通用设备制造	美国
107	2012年2月	杭州久久机械设备	HH VALVES公司	机械	英国
108	2012年3月	中瑞思创	MW Security AB公司	电子设备	瑞典
109	2012年4月	徐工集团	施维英公司	装备制造	德国
110	2012年6月	爱康太阳能	Scheuten Solar公司	太阳能光伏	德国

续表

序号	日期	并购方	目标方	所属行业	国家/地区
111	2012年6月	聚光科技	Bohnen Beheeer 公司	环境监测	荷兰
112	2012年7月	加西贝拉	CUBIGEL 公司	机械	西班牙
113	2012年8月	青年汽车	威盛巴士	汽车制造	德国
114	2012年9月	东风汽车	T Engineering AB 公司	汽车制造	瑞典
115	2012年9月	汉能控股	SOLIBRO 公司	电气设备	德国
116	2012年10月	大族激光	GSI 激光业务	激光装备	美国
117	2012年10月	海能达通信	Fjord-e-design 公司	通信设备	德国
118	2012年10月	光迅科技	IPX 公司	通信设备	丹麦
119	2012年11月	高意科技	Oclaro 薄膜滤波器业务	通信设备	美国
120	2012年12月	天晟新材	Polyumac 公司	化工	美国
121	2012年11月	浙江三花	AWECO 家电业务	通用设备制造	德国
122	2012年12月	千山药机	R+E 公司	医药设备	德国
123	2012年12月	潍柴动力	林德液压	交通运输设备制造	德国
124	2013年5月	宁波华翔	HIB Trim 公司	汽车零部件	德国
125	2013年7月	汉能控股	Global SolarEnergy 公司	电气设备	美国
126	2013年8月	华为科技	Caliopa 公司	电子设备	比利时
127	2013年8月	北京信和洁能新能源	AAVI 科技公司	新能源技术	芬兰
128	2013年12月	中联重科	M-TEC 公司	装备制造	德国
129	2013年12月	株洲时代新材料科技	采埃孚集团橡胶与金属业务	化工	德国
130	2013年12月	正泰太阳能	Conergy 光伏生产厂	太阳能光伏	德国

参考文献

陈晨：《中国上市公司并购协同效应影响因素研究》，硕士学位论文，山东大学，2011年。

陈怀超、范建红：《制度距离、中国跨国公司进入战略与国际化绩效：基于组织合法性视角》，《南开经济研究》2014年第2期。

高良谋：《购并后整合管理研究——基于中国上市公司的实证分析》，《管理世界》2003年第12期。

黄新飞、舒元、徐裕敏：《制度距离与跨国收入差距》，《经济研究》2013年第9期。

焦长勇、项保华：《战略并购的整合研究》，《科研管理》2002年第4期。

李广明：《中国制造企业跨国并购后的整合模式研究》，《国际经贸探索》2006年第5期。

李善民、陈玉罡：《上市公司兼并与收购的财富效应》，《经济研究》2002年第11期。

李善民、曾昭灶、王彩萍、朱滔、陈玉罡：《上市公司并购绩效及其影响因素研究》，《世界经济》2004年第9期。

沈征宇：《制度距离、资源能力与企业跨区域并购后整合行为研究》，硕士学位论文，华南理工大学，2015年。

唐兵、田留文、曹锦周：《企业并购如何创造价值——基于东航和上航并购重组案例研究》，《管理世界》2012年第11期。

唐建新、贺虹：《中国上市公司并购协同效应的实证分析》，《经济评论》2005 年第 5 期。

项保华、殷瑾：《购并后整合模式选择和对策研究》，《中国软科学》2001 年第 4 期。

徐雨森、张宗臣：《基于技术平台理论的技术整合模式及其在企业并购中的应用研究》，《科研管理》2002 年第 3 期。

汪茹燕：《技术获取型海外并购整合与目标方自主性》，硕士学位论文，浙江大学，2015 年。

王晓杰：《我国企业海外并购后的知识整合研究》，硕士学位论文，山东大学，2009 年。

王寅：《中国技术获取型海外并购整合研究：基于资源相似性与互补性的视角》，博士学位论文，浙江大学，2013 年。

魏江：《基于核心能力的企业购并后整合管理》，《科学管理研究》2002 年第 1 期。

吴展鹏：《制度距离、合法性冲突与并购整合绩效研究》，硕士学位论文，华南理工大学，2013 年。

于培友、奚俊芳：《企业技术并购后整合中的知识转移研究》，《科研管理》2006 年第 5 期。

张建红、周朝鸿：《中国企业走出去的制度障碍研究》，《经济研究》2010 年第 6 期。

张瑞稳、冯杰：《中国上市公司并购协同效应的实证研究》，《经济与管理研究》2007 年第 3 期。

钟芳芳：《技术获取型海外并购整合与技术创新研究》，博士学位论文，浙江大学，2015 年。

周经、刘厚俊：《制度距离、人力资源与跨国企业对外投资模式选择》，《财贸研究》2015 年第 1 期。

周小春、李善民：《并购价值创造的影响因素研究》，《管理世界》2008 年第 5 期。

Ahuja, G. & Katila, R., "Technological Acquisition and the Innovation Performance of Acquiring Firms: A Longitudinal Study", *Strategic*

Management Journal, 2001, 22: 197 – 220.

Angwin, D. N. & Meadows, M., "New Integration Strategies for Post – acquisition Management", *Long Range Planning*, 2014, 4: 1 – 17.

Ansoff, I. H., *Corporate Strategy*, New York: McGraw – Hill, 1965.

Bartlett, C. A. & Ghoshal, S., *Managing across Borders: The Transnational Solution*, Boston, MA: Harvard Business School Press, 1989.

Bauer, F. & Matzler, K., "Antecedents of M&A Success: The Role of Strategic Complementarity, Cultural Fit, and Degree and Speed of Integration", *Strategic Management Journal*, 2014, 35 (2): 269 – 291.

Berkovitch, E. M. & Narayanan, P., "Motives for Takeovers: An Empirical Investigation", *Journal of Financial and Quantitative Analysis*, 1993, 28: 347 – 364.

Birkinshaw, J., Bresman, H. & Hakanson, L., "Managing the Post – Acquisition Integration Process: How the Human Integration and task Integration Processes Interact to Foster Value Creation", *Journal of Management Studies*, 2000, 37 (3): 395 – 425.

Bowman, C. & Ambrosini, V., "Value Creation Versus Value Capture: Towards a Coherent Definition of Value in Strategy", *British Journal of Management*, 2000, 11 (1): 1 – 15.

Bradley, M., Desai, A. & Kim, E. H., "Synergistic Gains from Corporate Acquisitions and Their Division between the Stockholders of target and Acquiring Firms", *Journal of Financial Economics*, 1998, 21: 3 – 40.

Bresman, H., Birkinshaw, J. & Nobel, R., "Knowledge Transfer in International Acquisitions", *Journal of International Business Studies*, 1999, 30 (3): 439 – 463.

Brouthers, K. D., "Institutional, Cultural and Transaction Cost Influences on Entry Mode Choice and Performance", *Journal of International Business Studies*, 2002, 33 (2): 203 – 221.

Bruner, R. F., "The Use of Excess Cash and Debt Capacity as a Motive for Merge", *Journal of Financial and Quantitative Analysis*, 2001, 23: 199 – 217.

Buchholtz, A. K., Ribbens, B. A. & Houle, I. T., "The Role of Human Capital in Postacquisition Ceo Departure", *Academy of Management Journal*, 2003, 46 (4): 506 – 514.

Buono, A. F. & Bowditch, J. L., *The Human Side of Mergers and Acquisitions: Managing Collisions between People, Cultures, and organizations*, San Francisco: Jossey – Bass, 1989.

Buzzell, R. & Gale, B., *The PIMS Principles: Linking Strategy to Performance*, The Free Press, 1987.

Cannella, A. A. & Hambrick, D. C., "Effects of Executive Departures on the Performance of Acquired Firms", *Strategic Management Journal*, 1993, 14: 137 – 152.

Cartwright, S. & Cooper, C. L., *Managing Mergers, Acquisitions and Strategic Alliances: Integrating People and Cultures*, London: Butterworth/Heinemann, 1995.

Capron, L., "The Long – term Performance of Horizontal Acquisitions", *Strategic Management Journal*, 1999, 20: 987 – 1018.

Capron, L., Dussauge, P. & Mitchell, W., "Resource Redeployment Following Horizontal Acquisitions in Europe and North America, 1988 – 1992", *Strategic Management Journal*, 1998, 19 (7): 631 – 661.

Capron, L. & Hulland, J., "Redeployment of Brands, Sales Forces, and General Marketing Management Expertise Following Horizontal Acquisitions: A Resource – based View", *Journal of Marketing*, 1999, 63: 41 – 54.

Capron, L., Mitchell, W. & Swaminathan, A., "Asset Divestiture following Horizontal Acquisitions: A Dynamic View", *Strategic Management Journal*, 2001, 22 (9): 817 - 844.

Carte, T. & Russell, C., In Pursuit of Moderation: Nine Common errors and Their Solutions, *MISQ Quarterly*, 2003, 27 (3): 479 - 501.

Cartwright, S. & Cooper, C. L., "The Role of Culture Compatibility in Successful Organizational Marriage", *Academy of Management Executive*, 1993, 7 (2): 57 - 70.

Cassiman, B., Colombo, M., Garrone, P. & Veugelers, R., "The Impact of M&A on the R&D Process: An Empirical Analysis of the Role of Technological and Market Relatedness", *Research Policy*, 2005, 34: 195 - 220.

Castaner, X. & Karim, S., "Acquirers 'Goals' Influence on Acquire - target Bilateral Interactions", Boston University School of Management Research Paper Series, 2012.

Certo, S., Covin, J., Daily, C. & Dalton, D., "Wealth and the Effects of Founder Management Among Ipo - stage New ventures", *Strategic Management Journal*, 2001, 22: 641 - 658.

Chan, C. M., Isobe, T. and Makino, S., "Which Country Matters? Institutional Development and Foreign Affiliate Performance", *Strategic Management Journal*, 2008, 29 (11): 1179 - 1205.

Chatterjee, S., "Types of Synergy and Economic Value: The Impact of Acquisitions on Merging and Rival Firms", *Strategic Management Journal*, 1986, 7 (2): 119 - 139.

Chatterjee, S., Lubatkin, M., Schweiger, D. M. & Weber, Y., "Cultural Differences and Shareholder Value in Related Mergers: Linking Equity and Human Capital", *Strategic Management Journal*, 1992, 13: 319 - 334.

Chao, M. C. & Kumar, V. , "The Impact of Institutional Distance on the International Diversity – performance Relationship", *Journal of World Business*, 2010, 45: 93 – 103.

Chen, F. Q. & Wang, Y. , "Integration Risk in Cross – border M&A Based on Internal and External Resource: Empirical Evidence From China", *Quality & Quantity International Journal of Methodology*, 2014, 48 (1): 281 – 295.

Chen, S. S. & Hennart, J. F. , "A Hostage Theory of Joint Ventures: Why Do Japanese Investors Choose Partial Over Full Acquisitions to Enter the United States", *Journal of Business Research*, 2004, 57 (10): 1126 – 1134.

Child, J. , Chung, L. & Davies, H. , "The Performance of Crossborder Units in China: A Test of Natural Selection, Strategic Choice and Contingency Theories", *Journal of International Business Studies*, 2003, 34: 242 – 254.

Chow, G. C. , "Tests of Equality Between Sets of Coefficients in Two Linear Regressions", *Econometrica*, 1960, 28: 591 – 605.

Cloodt, M. , Hagedoorn, J. & Van, K. H. , "Mergers and Acquisitions: Their Effect on the Innovative Performance of Companies in high – tech Industries", *Research Policy*, 2006, 35: 642 – 668.

Cohen, W. M. & Levinthal, D. A. , "Absorptive Capacity: A New Perspective on Learning and Innovation", *Administrative Science Quarterly*, 1990, 35 (1): 128 – 152.

Contractor, F. J. , Lahiri S. , Elango, B. & Kundu, S. K. ,"Institutional, Cultural and Industry Related Determinants of Ownership Choices in Emerging Market FDI Acquisitions", *International Business Review*, 2014, 23: 931 – 941.

Cording, M. , Christmann, P. & King, D. R. , "Reducing Causal ambiguity in Acquisition Integration: Intermediate Goals as Mediators of

Integration Decisions and Acquisition Performance", *Academy of Management Journal*, 2008, 51: 744 – 767.

Cui, L. & Jiang, F., "State Ownership Effect on Firms' FDI Ownership Decisions under Institutional Pressure: A Study of Chinese Outward – investing Firms", *Journal of International Business Studies*, 2012, 43 (3): 264 – 284.

Das, T. K. and Teng, B. S., "A Resource – based Theory of Strategic alliance", *Journal of Management*, 2000, 26 (1): 31 – 61.

Datta, D. K. & Grant, J. H., "Relationships between Type of Acquisition, the Autonomy Given to the Acquired Firm, and Acquisition Success: An Empirical Analysis", *Journal of Management*, 1990, 16: 29 – 44.

Datta, D. K., Pinches, G. E. and Narayanan, V. K., "Factors Influencing Wealth Creation from Mergers and Acquisition: A Meta – analysis", *Strategic Management Journal*, 1992, 13 (1): 67 – 84.

Datta, D. K. & Puia, G., "Cross – border Acquisitions: An Examination of the Influence of Relatedness and Cultural fit on Shareholder value Creation in U. S. Acquiring Firms", *Management International Review*, 1995, 35 (4): 337 – 359.

Davis, P. S., Desai, A. B. & Francis, J. D., "Mode of International entry: An Isomorphism Perspective", *Journal of International Business Studies*, 2000, 31 (2): 239 – 258.

Delios, A. & Beamish, P. W., "Ownership Strategy of Japanese Firms: Transactional, Institutional and Experience Influences", *Strategic Management Journal*, 1999, 20: 711 – 727.

Demirbag, M., Glaister, K. W. & Tatoglu, E., "Institutional and Transaction Cost Influences on Multinational Firms'Ownership Strategies of Their Affiliates: Evidence from an Emerging Market", *Journal of World Business*, 2007, 42 (4): 418 – 434.

Demirbag, M. & Weir, D. T. H. , "Resources and Equity Ownership in IJVs in Turkey", *Thunderbird International Business Review*, 2006, 48 (1): 55 – 76.

Dhanaraj, C. & Beamish, P. W. , "Effect of Equity Ownership on Survival of International Joint Ventures", *Strategic Management Journal*, 2004, 25: 295 – 305.

Dikova, D. , "Performance of Foreign Subsidiaries: Does Psychic Distance Matter", *International Business Review*, 2009, 18 (1): 38 – 49.

Dikova, D. , Sahib, P. R. & van Witteloostuijn, A. , "Cross – border Acquisition Abandonment and Completion: The Effect of Institutional Differences and Organizational Learning in the International Business Service Industry, 1981 – 2001", *Journal of International Business Studies*, 2010, 41: 223 – 245.

Dikova, D. & Witteloostuijn, A. , "Foreign Direct Investment Mode Choice: Entry and Establishment Modes in Transition Economies", *Journal of International Business Studies*, 2007, 38 (6): 1013 – 1033.

Dixit, A. K. & Stiglitz, J. E. , "Monopolistic Competition and Optimum Product Diversity", *American Economic Review*, 1977, 67 (3), 297 – 308.

Elango, B. , Lahiri, S. & Kundu, S. K. , "How does Firm Experience and Institutional Distance Impact Ownership Choice in High – technology Acquisitions", *R&D Management*, 2013, 43 (5): 501 – 516.

Eschen, E. & Bresser, R. K. F. , "Closing Resource Gaps: Towards a Resource – based Theory of Advantageous Mergers and Acquisitions", *European Management Review*, 2005, 2 (3): 167 – 178.

Estrin, S. , Baghdasaryan, D. & Meyer, K. E. , "The Impact of Institutional and Human Resource Distance on International Entry Strategies", *Journal of Management Studies*, 2009, 46 (7): 1171 – 1196.

Fama, E. F. & Jensen, M. C. , "The Separation of Ownership and Control", *Journal of Law and Economics*, 1983, 26: 301 – 325.

Gadiesh, O. , Buchanan, R. , Daniell, M. & Ormiston, C. , "A CEO's Guide to the New Challenges of M&A Leadership", *Strategy & Leadership*, 2002, 30 (3): 13 – 18.

Ghoshal, S. , "Global Strategy: An Organizing Framework", *Strategic Management Journal*, 1987, 8 (5): 425 – 440.

Graebner, M. E. , "Momentum and Serendipity: How Acquired Leaders Create Value in the Integration of Technology Firms", *Strategic Management Journal*, 2004, 25: 751 – 777.

Gomes, E. , Angwin, D. N. , Weber, Y. & Tarba, S. Y. , "Critical Success Factors Through the Mergers and Acquisitions Process: Revealing pre – and post – M&A Connections for Improved Performance", *Thunderbird International Business Review*, 2013, 55 (1): 13 – 35.

Guadalupe, M. , Kuzmina, O. & Thomas, C. , "Innovation and Foreign Ownership", *American Economic Review*, 2012, 102 (7): 3594 – 3627.

Hagedoorn, J. & Duysters, G. , "The Effect of Mergers and Acquisitions on the Technological Performance of Companies in a High – tech Environment", *Technology Analysis & Strategic Management*, 2002, 14: 67 – 89.

Hall, B. , Jaffe, A. & Trajtenberg, M. , "NBER Patent Citations Data File: Lessons, Insights and Methodological Tools", *National Bureau of Economic Research*, 2001, working paper No. 8498.

Hambrick, D. C. & Cannella, A. A. , Jr. , "Relative Standing: A

Framework for Understanding Departures of Acquired Executives", *Academy of Management Journal*, 1993, 36: 733 – 762.

Hardy, M. A., *Regression with dummy variables*, Newbury Park, CA: Sage, 1992.

Harrison, J. S., Hitt, M. A., Hoskisson, R. E. & Ireland, R. D., "Synergies and Post – acquisition Performance: Differences versus Similarities in Resource Allocations", *Journal of Management*, 1991, 17: 173 – 190.

Haspeslagh, P. C. & Jemison, D. W., *Managing acquisitions: Creating Value through Corporate Renewal*, New York: Free Press, 1991.

Hayes, R. H., "The Human Side of Acquisitions", *Management Review*, 1979, 68 (11): 41 – 46.

Hedlund, G., "The Hypermodern MNC: A Heterarchy", *Human Resource Management*, 1986, 25 (1): 9 – 35.

Helfat, C. E. & Peteraf, M. A., "The Dynamic RBV: Capability Lifecycles", *Strategic Management Journal*, 2003, 24: 997 – 1010.

Helpman, E. & Krugman, P., *Market Structure and Foreign Trade: Increasing Returns, Imperfect Competition, and the International Economy*, Cambridge: MIT Press, 1985.

Hitt, M. A. & Ireland, R. D., "Corporate Distinctive Competence, Strategy, Industry and Performance", *Strategic Management Journal*, 1985, 6: 273 – 293.

Hitt, M. A, Harrison, J. S. & Ireland, R. D., *Mergers & Acquisitions: A Guide to Creating Value for Stakeholders*, New York: Oxford University Press, 2001.

Hitt, M. A., Hoskisson, R. E., Johnson, R. A. & Moesel, D. D., "The Market for Corporate Control and Firm Innovation", *Academy of Management Journal*, 1996, 39: 1084 – 1119.

Hoffman, J. J., Cullen, J. B., Carter, N. M. & Hofacker, C. F.,

"Alternative Methods for Measuring Organization Fit: Technology, Structure, and Performance", *Journal of Management*, 1992, 18 (1): 45 –57.

Hofstede, G. *Culture's Consequences: International Differences in Work – related Values*, Beverly Hills, CA: Sage, 1980.

Homburg, C. & Bucerius, M., "Is Speed of Integration Really a Success Factor of Mergers and Acquisitions? An Analysis of the Role of Internal and External Relatedness", *Strategic Management Journal*, 2006, 27: 347 –367.

Jaccard, J. & Turrisi, R., *Interaction Effects in Multiple Regressions*, Thousand Oaks, CA: Sage Publications, 2003.

Jensen, R. & Szulanski, G., "Stickiness and the Adaptation of Organizational Practices in cross – border Knowledge Transfer", *Journal of International Business Studies*, 2004, 35 (6): 508 –523.

Jemison, D. B., *Value Creation and Acquisition Integration: The role of Strategic Capability Transfer*, Greenwich, CT: JAI Press, 1988.

Jemison, D. B. & Sitkin, S. B., "Corporate Acquisitions: A Process Perspective", *Academy of Management Review*, 1986, 11 (1): 145 –163.

Jensen, M. C. & Meckling, W. H., "Theory of the Firm: Managerial Behavior, Agency Cost and Ownership Structure", *Journal of Financial Economics*, 1976, 3: 305 –360.

Kaplan, S. N. & Wiesbach, M. S., "The Success of Acquisitions: Evidence from Divestitures", *Journal of Finance*, 1992, 47 (1): 107 –138.

Kapoor, R. & Lim, K., "The Impact of Acquisitions on the Productivity of Inventors at Semiconductor – firms: A Synthesis of Knowledge – based and Incentive – based Perspectives", *Academy of Management Journal*, 2007, 50 (5): 1133 –1155.

Karim, S. & Mitchell, W., "Path Dependent and Path Breaking Change: Reconfiguring Business Resources Following Acquisitions in the U. S. Medical Sector, 1978 – 1995", *Strategic Management Journal*, 2000, 21: 1061 – 1081.

Khanna, T. and Rivkin, J., "Estimating the Performance Effects of Business Groups in Emerging Markets", *Strategic Management Journal*, 2001, 22 (1): 45 – 74.

Kim, J. Y. & Finkelstein, S., "The Effects of Strategic and Market Complementarity on Acquisition Performance: Evidence from the U. S. Commercial Banking Industry, 1989 – 2001", *Strategic Management Journal*, 2009, 30: 617 – 646.

King, D. R., Dalton, D. R., Daily, C. M. & Covin, J. G., "Meta – analysis of post – acquisition Performance: Indications of Unidentified Moderators", *Strategic Management Journal*, 2004, 25: 187 – 200.

King, D. R., Slotegraaf, R. J. & Kesner, I., "Performance Implications of Firm Resource Interactions in the Acquisition of R&D Intensive Firms", *Organization Science*, 2008, 19 (2): 327 – 340.

Kitching, J., "Why do mergers miscarry", *Harvard Business Review*, 1967, 45 (6): 84 – 101.

Kogut, B. & Singh, H., "The Effect of National Culture on the Choice of Entry Mode", *Journal of International Business Studies*, Band, 1988, 19: 411 – 432.

Kogut, B. & Zander, U., "Knowledge of the firm, Combinative Capabilities, and the Replication of Technology", *Organization Science*, 1992, 3: 383 – 397.

Kostova, T., "Transnational Transfer of Strategic Organizational Practices: A Contextual Perspective", *Academy of Management Review*, 1999, 24 (2): 308 – 324.

Kostova, T. & Roth, K., "Adoption of an Organizational Practice by Subsidiaries of Multinational Corporations: Institutional and Regional Effects", *Academy of Management Journal*, 2002, 45 (1): 215 -233.

Krishnan, H. A. Miller, A. & Judge, W. Q., "Diversification and Top Management Team Complementarity: Is Performance Improved by Merging Similar or Dissimilar Teams", *Strategic Management Journal*, 1997, 18: 361 -374.

Krug, & Aguilera, R., "Top Management Team Turnover in Mergers and Acquisitions", *Advances in Mergers and Acquisitions - Special Edition*, 2005, 4: 121 -149.

Lane, P. J. & Lubatkin, M. H., "Relative absorptive capacity and inter-organizational learning", *Strategic Management Journal*, 1998, 19 (5): 461 -477.

Larsson, R. & Finkelstein, S., "Integrating Strategic, Organizational, and Human Resource Perspectives on Mergers and Acquisitions: A Case Survey of Synergy Realization", *Organization Science*, 1999, 10 (1): 1 -26.

Liu, J. and Chen, X. H., Balancing Integration and Autonomy in the Post - acquisition phase - A Study of German Firms Acquired by Chinese Firms", *Master's Thesis 30 Credits*, *Department of Business Studies*, Uppsala University, 2015.

Lu, J. W., "Intra - and inter - organizational Imitative Behavior: Institutional Influences on Japanese Firms' Entry Mode Choice", *Journal of International Business Studies*, 2002, 33 (1): 19 -37.

Lubatkin, M. H., "Mergers and the Performance of the Acquiring Firms", *Academy of Management Review*, 1983, 8: 218 -225.

Lubatkin, M. H., "Merger Strategies and Stockholder Value", *Strategic Management Journal*, 1987, 8 (1): 39 -53.

Lubatkin, M., Schweiger, D. & Weber, Y., "Top Management Turnover Related M&A's: An Additional Test of the Theory of Relative Standing", *Journal of Management*, 1999, 25 (1): 55 – 73.

Makri, M., Hitt, M. A. & Lane, P. J., "Complementary Technologies, Knowledge Relatedness, and Invention Outcomes in High Technology Mergers and Acquisitions", *Strategic Management Journal*, 2010, 31 (6): 602 – 628.

Maquieira, C. P., Megginson W. L. & Nail, L., "Wealth Creation Versus Wealth Redistributions in Pure Stock – for – stock Mergers", *Journal of Financial Economics*, 1998, 48 (1): 3 – 33.

Markides, C. C. & Williamson, P. J., "Corporate Diversification and Organizational Structure: A Resource Based View", *Academy of Management Journal*, 1996, 39 (2): 340 – 367.

Massimo G. & Ognjenka, Z., "Acquisition Integration and Leadership Continuity of High – technology Acquisitions", *Politecnico di Milano, Department of Management, Economics and Industrial Engineering*, Work in progress, 2010.

Massimo, G. & Larissa, R., "Technological Similarity, Post – acquisition R&D Reorganization, and Innovation Performance in Horizontal acquisitions", *Research Policy*, 2014, 43: 1039 – 1054.

Melitz, M. J., "The Impact of Trade on Intra – industry Reallocations and Aggregate Industry Productivity", *Econometrica*, 2003, 71 (6): 1695 – 1725.

Meyer, C. B. & Altenborg, E., "Incompatible Strategies in International mergers: The Failed Merger Between Telia and Telenor", *Journal of International Business Studies*, 2008, 39 (3): 508 – 525.

Meyer, K. E., "Institutions, Transaction Costs and Entry Mode Choice in Eastern Europe", *Journal of International Business Studies*, 2001, 32 (2): 357 – 367.

Meyer, K. E., Estrin, S., Bhaumik, S. K. & Peng, M. W., "Institutions, Resources and Entry Strategies in Emerging Economies", *Strategic Management Journal* 2009, 31: 6180.

Meyer, K. E. & Peng, M. W., "Probing Theoretically Central and Eastern Europe: Transactions, Resources and Institutions", *Journal of International Business Studies*, 2005, 36 (6): 600 – 621.

Milgrom, P. & Roberts, J., "The Economics of Modern Manufacturing", *American Economic Review*, 1990, 80: 511 – 528.

Miozzo, M., Divito, L. & Desyllas, P., "Cross – border Acquisitions of Science – based Firms: Their Effect on Innovation in the Acquired Firm and the Local Science and Technology System", *Dissertations & Theses – Gradworks*, 2011.

Mirvis, P. H. & Marks, M. L., "The Human Side of Merger Planning: Assessing and Analysing Fit", *Human Resource Planning*, 1992, 15 (3): 69 – 92.

Mirvis, P. H. & Marks, M. L., "Making Acquisitions and Acquisitions Work: Strategic and Psychological Preparation", *Academy of Management Executive*, 2001, 15 (2): 80 – 92.

Morck, R., Shleifer, A. & Vishny, R. W., "Do Managerial Objectives Drive Bad Acquisitions", *The Journal of Finance*, 1990, 45 (1): 31 – 48.

Morck, R. & Yeung, B. Y., "The Puzzle of the Harmonious Stock Prices", *World Economics*, 2002, 3 (3): 105 – 119.

Morosini, P., Shane, S. & Singh, H., "National Cultural distance and cross – border Acquisition Performance", *Journal of International Business Studies*, 1998, 29 (1): 137 – 158.

Mowery, D. C., Oxley, J. E. & Silverman, B. S., "Technological Overlap and Interfirm Cooperation: Implications for the Resource View of the Firm", *Research Policy*, 1998, 27: 507 – 523.

Mulherin, J. H. & Boone, A. L., "Comparing Acquisitions and Divestitures", *Journal of Corporate Finance*, 2000, 6 (2): 117-139.

Nahapiet, J. & Ghoshal, S., "Social Capital, Intellectual Capital, and the Organizational Advantage", *Academy of Management Review*, 1998, 23 (2): 242-266.

Nahavandi, A. & Malekzadeh, A., "Acculturation in Acquisitions and Acquisitions", *Academy of Management Review*, 1988, 13: 79-90.

Napier, N. K., "Mergers and Acquisitions, Human Resource Issues and Outcomes: A Review and Suggested Typology", *Journal of Management Studies*, 1989, 26 (3): 271-289.

North, D, C., *Institutions, Institutional Change and Economic Performance*, Cambridge: Cambridge University Press, 1990.

Osegowitsch, T., "The Art and Science of Synergy: The Case of the Auto Industry", *Business Horizons*, 2001, 44: 17-24.

Pablo, A., "Determinants of Acquisition Integration Level: A Decision-making Perspective", *Academy of Management Journal*, 1994, 37: 803-830.

Pablo, A. L., Sitkin, S. B. & Jemison, D. B., "Acquisition Decision-making Processes: The Central Role of Risk", *Journal of Management*, 1996, 22 (5): 723-746.

Palich, L. E., Cardinal, L. B. & Miller, C. C., "Curvilinearity in the Diversification-performance Linkage: An Examination of Over Three Decades of Research", *Strategic Management Journal*, 2000, 21 (2): 155-174.

Panzar, J. C. & Willig, R. D., "Economies of Scale in Multi-output Production", *Quarterly Journal of Economics*, 1977, 91: 481-493.

Papadakis. V. M., "The Role of Broader Context and the Communication

Program in Merger and Acquisition Implementation Success", *Management Decision*, 2005, 43 (2): 236 – 255.

Park, B. I., Glaister, K. W. and Oh, K. S., "Technology Acquisition and Performance in International Acquisitions: The Role of Compatibility between Acquiring and Acquired Firms", *Journal of East – West Business*, 2009, 15: 248 – 270.

Paruchuri, S., Nerkar, A. & Hambrick, D. C., "Acquisition Integration and Productivity Losses in the Technical Core: Disruption of Inventors in Acquired Companies", *Organization Science*, 2006, 17: 545 – 562.

Peng, M. W., *Business Strategies in Transition Economies*, Thousand Oaks, CA: Sage, 2000.

Peng, M. W., Wang, D. Y. & Jiang, Y., "An Institution – based view of International Business Strategy: A Focus on Emerging Economies", *Journal of International Business Studies*, 2008, 39: 920 – 936.

Penrose, E., *The Theory of the Growth of the Firm*, Oxford, UK: Basil Blackwell, 1959.

Porter, M. E., *Competitive Advantage: Creating and Sustaining Superior Performance*, New York: Free Press, 1985.

Porter, M. E., "From Competitive Advantage to Corporate Strategy", *Harvard Business Review*, 1987, 65, 43 – 59.

Postrel, S., "Islands of Shared Knowledge: Specialization and Mutual Understanding in Problem – solving Teams", *Organization Science*, 2002, 13 (3): 303 – 320.

Prabhu, J. C., Chandy, R. K. & Ellis, M. E. "The Impact of Acquisitions on Innovation: Poison Pill, Placebo, or Tonic", *Journal of Marketing*, 2005, 69: 114 – 130.

Puck, J. F., Holtbrugge, D. & Mohr, A. T. "Beyond Entry Mode

Choice: Explaining the Conversion of Joint Ventures into Wholly owned Subsidiaries in the People's Republic of China", *Journal of International Business Studies*, 2009, 40 (7): 388 – 404.

Puranam, P., Singh, H. & Chaudhuri, S., "Integrating acquired capabilities: When structural integration is (un) necessary", *Organization Science*, 2009, 20: 313 – 328.

Puranam, P., Singh, H. & Zollo, M., "Organizing for Innovation: Managing the Coordination Autonomy Dilemma in Technology Acquisitions", *Academy of Management Journal*, 2006, 49 (2): 263 – 280.

Ranft, A. L. & Lord, M. D., "Acquiring New Technologies and Capabilities: A Grounded Model of Acquisition Implementation", *Organization Science*, 2002, 13: 420 – 441.

Ravenscraft, D. J. & Scherer, F. M., *Mergers, Sell – offs, and Economic Efficiency*, Washington: Brookings Inst, 1987.

Reis, N. R. and Carvalho, F., "Cross – border Mergers and Acquisitions Completion: The Effect of Institutional Distance", *Eiba Conference*, 2014.

Reis, N. R., Ferreira, M. P. and Santos, J. C., "Institutional Distance and Cross – border Mergers and Acquisitions Completion: A Conceptual Framework", Working Paper, 2014.

Robins, J. & Wiersema, M. F., "Resource – based Approach to the Multibusiness Firm: Empirical Analysis of Portfolio Interrelationships and Corporate Financial Performance", *Strategic Management Journal*, 1995, 16 (4): 177 – 299.

Rodriguez, P., Uhlenbruck, K. and Eden, L., "Government Corruption and the Entry Strategies of Multinationals", *Academy of Management Review*, 2005, 30 (2): 383 – 396.

Salter, M. S. & Weinhold, W. A., "Diversification via acquisition:

Creating value", *Harvard Business Review*, 1979, 56 (4): 166 – 176.

Schweizer, L., "Organizational Integration of Acquired Biotechnology Companies into Pharmaceutical Companies: The Need for a Hybrid Approach", *The Academy of Management Journal*, 2005, 48 (6): 1051 – 1074.

Schwens, C., Eiche, J. & Kabst, R., "The Moderating Impact of Informal Institutional Distance and Formal Institutional Risk on Sme entry Mode Choicejoms", *Journal of Management Studies*, 2011, 48 (2): 330 – 351.

Schwert, Q. W. "Markup Pricing in Mergers and Acquisition", *Journal of Financial and Economics*, 1996, 7 (2): 153 – 162.

Scott, W. R., *Institutions and organizations*, London: Sage, 1995.

Seth, A., "Value Creation in Acquisitions: A Reexamination of Performance Issues", *Strategic Management Journal*, 1990, 11: 99 – 115.

Shelton, L. M., "Merger Market Dynamics: Insights into the Behavior of Target and Bidder Firms", *Journal of Economic Behavior & Organization*, 2000, 41 (4): 363 – 383.

Shimizu, K., Hitt, M. A., Vaidyanath, D. & Pisano, V., "Theoretical Foundations of Cross – border Mergers and Acquisitions: a Review of Current Research and Recommendations for the Future", *Journal of International Management*, 2004, 10 (3): 307 – 353.

Shrivastava, P., "Post Merger Integration", *Journal of Business Strategy*, 1986, 7: 65 – 76.

Si, S. X. & Bruton, G. D., "Knowledge Acquisition, Cost Savings, and Strategic Positioning: Effects on Sino – American IJV Performance", *Journal of Business Research*, 2005, 58: 1465 – 1473.

Siehl, C. & Smith, D., "Avoiding the Loss of a Gain: Retaining managing Executives in an Acquisition", *Human Capabilities Management*, 1990, 29 (2): *167 – 185*.

Singh, H. & Montgomery, C. H. , "Corporate acquisition strategies and economic performance", *Strategic Management Journal*, 1987, 8 (4): 377 – 386.

Slusky, A. R. & Caves R. E. , "Synergy, Agency, and the Determinants of Premia Paid in Mergers", *The Journal of Industrial Economics*, 1991, 39 (3): 277 – 296.

Snow, C. C. & Hrebiniak, L. G. "Strategy, Distinctive Competence, and Organizational Performance", *Administrative Science Quarterly*, 1980, 25 (2): 317 – 336.

Song, X. M. , Cornelia, D. , Sangphet, H. & Roger, C. , "Marketing and Technology Resources Complementarity: An Analysis of their Interaction Effect in Two Environmental Contexts", *Strategic Management Journal*, 2005, 26 (3): 259 – 276.

Stock, G. N. & Tatikonda, M. V. , "The Joint Influence of Technology Uncertainty and Interorganizational Interaction on External Technology Integration Success", *Journal of Operations Management*, 2008, 26 (1): 65 – 80.

Swaminathan, V. , Murshed, F. & Hulland, J. , "Value Creation following Merger and Acquisition Announcements: The Role of Strategic Emphasis Alignment", *Journal of Marketing Research*, 2008, 45 (1): 33 – 47.

Tanriverdi, H. & Venkatraman, N. , "Knowledge Relatedness and the Performance of Multibusiness Firms", *Strategic Management Journal*, 2005, 26 (2): 97 – 119.

Tatoglu, E. , Glaister, K. W. & Erdal, F. "Determinants of Foreign Ownership in Turkish manufacturing", *Eastern European Economics*, 2003, 41 (2): 5 – 41.

Teerikangas, S. & Very, P., "The Culture – performance Relationship in M&A: From yes/no to How", *British Journal of Management*, 2006, 17: 31 – 48.

Uhlenbruck, K., "Developing Acquired Foreign Subsidiaries: The Experience of MNEs in Transition Economies", *Journal of International Business Studies*, 2004, 35 (2): 109 – 123.

Ullrich, J., Wieseke, J. & Van Dick, R., "Continuity and Change in Mergers and Acquisitions: A Social Identity Case Study of a Germen Industrial Merger", *Journal of Management Strudies*, 2005, 42 (8): 1550 – 1569.

Venkatraman, N., "The concept of fit in Strategy Research: Toward verbal and Statistical Correspondence", *Academy of Management Review*, 1989, 14 (3): 423 – 444.

Very, P., Lubatkin, M., Calori, R. & Veiga, J., "Relative Standing and the Performance of Recently Acquired European Firms", *Strategic Management Journal*, 1997, 18: 593 – 614.

Walsh, J. P., "Doing a Deal: Merger and Acquisition Negotiations and their Impact upon Target Company Top Management Turnover", *Strategic Management Journal*, 1989, 10: 307 – 322.

Walter, G. A. & Barney J. B., "Management Objectives in Mergers and Acquisitions", *Strategic Management Journal*, 1990, 11 (1): 79 – 86.

Wang, L. & Zajac, E. J., "Alliance or Acquisition? A Dyadic Perspective on Interfirm Resource Combinations", *Strategic Management Journal*, 2007, 28 (13): 1291 – 1317.

Wei, T. and Clegg, J., "Successful Integration of Target Firms in International Acquisitions: A Comparative Study in the Medical Technology Industry", *Journal of International Management*, 2014, 20: 237 – 255.

Weston, J., Chung, K. & Hoag, S., Mergers, Restructuring, and Corporate Control, Englewood Cliffs, New Jersey: Prentice Hall, 1990.

Whitley, R., *Divergent Capitalisms: The Social Structuring and Change of Business Systems*, New York: Oxford University Press, 1999.

Wright, M., Filatotchev, I., Hoskisson, R. E. & Peng, M. W., "Strategy Research in Emerging Economies: Challenging the Conventional Wisdom", *Journal of Management Studies*, 2005, 42: 1 - 33.

Zaheer, A., Castañer, X. & Souder, D., "Synergy Sources, Target Autonomy, and Integration in Acquisitions", *Journal of Management*, 2013, 39 (3): 604 - 632.

Zollo, M. & Singh, H., "Deliberate Learning in Corporate Acquisitions: Post - acquisition Strategies and Integration Capability in U. S. Bank Mergers", *Strategic Management Journal*, 2004, 25: 1233 - 1256.

索 引

B

并购股权比例 110,111,113,114,117,120,122,124

并购协同效应 2-7,9-15,39-45,47,48,50,52,53,55-58,62-65,67,68,72,73,78-81,87-89,96,100,101,108,109,112,114-117,120,123,126,128,152,170-174,176,177,179

并购整合 3-5,7,9,10,14,15,20,25-27,29-31,33-35,37,38,43-48,51,53,55,59,61,63,70,71,81,90-93,95-98,103,118,136,144,151,152,165,172-180

并购支付方式 41,110-114,117,120,123,124,127

C

财务协同 39,40,42,109-114,127,159

D

多主体仿真 10,87,88,100

F

发达国家 2,7,47,102,103,112,127,135,177

非正式制度 9,36,38,62

分层回归分析 13,14,118

G

管理协同 39,40,109-114,127,159

规范性支柱 36

规模经济 26,32,39,43,46,51,55,56,109

规制性支柱 36

国家文化维度模型 106,111

H

海外并购资源 27,62,65,175

J

技术获取型海外并购 1－18,20,22,26－30,34,35,37,39,42,46－89,91－96,98－105,108－110,112,118,120－123,125,127－130,134,142,148,155,163,168,169,171－180,184

技术协同 39,50,109,111－114,127,137,144,151,167

经济制度 36,62,63,107,164,165

经济自由度指数 107,111,133,141,148,155,163

经营协同 39,40,42,109,111－114,127,159

L

垄断竞争模型 12

M

目标方自主性 3－7,9－15,17,20－22,27,32,34,45－50,52－54,56－62,64－68,72,74－77,79－83,85－94,96－101,108,111,113,114,117－130,135,138,142,145,149,150,152,159,165,170－179

Q

七七定律 2

R

认知性支柱 36

S

世界治理指数 107,111,133,141,148,155,163

Z

战略相互依赖性 23

整合 2－15,17－29,31－35,37－39,41－73,83－85,87－101,106,108,109,111,112,120－122,126－130,132,135－138,142－145,149－152,156－160,165,166,168－179

整合程度 3－5,7,12－15,17－22,25,27,31,33,34,44－50,54－56,59,60,62－68,71,72,76－79,81－87,89－101,108,111－114,117－128,135,138,142,145,149,150,152,157,159,165,169－171,173－179

正式制度 8,9,36,62,107,134,141,148,155,163

政治制度 36,62,63,107,164

制度环境 9,35－37,61－63,71,134,168,177

制度距离 4-6,8-10,12-15,34-39,46-49,61-68,70-84,86,88-101,107,108,111-114,117-128,130,133-135,138,141,142,145,148,149,152,155,156,159,163,164,168-176,178,180

制度理论 5,15,35,46-48,61,175,176

资源互补性 5,8,15,29-31,33,34,45,47,54,56-60,68,70-72,75,77-82,89,90,94,112,114-121,124-128,145,150,152,159,170,173,178

资源联系性 4-9,12-15,30,31,34,41,45,47-49,59,61,62,64-67,76,85,87,101,126,128,130,132,140,147,153,161,171,173-176,179

资源相似性 4-15,26,28-32,34,35,45-48,54-62,64-68,70-72,74-83,85-101,104,105,112,114-122,124-128,132,135,138,140,147,148,150,152,153,159,161,168-176,178,179

邹至庄检验 122,123

组织自主性 23

后　　记

　　本书关注技术获取型海外并购这一类在中国对外投资中屡成热点的活动和事件，研究了在最大化并购后协同效应的目标驱动下，与并购双方资源相似性、互补性强弱特征相匹配的并购整合程度与目标方自主性策略选择，并且考察海外并购双方制度距离对上述匹配模式有效性的影响，试图为中国企业技术获取型海外并购提供理论和实践指导。值本书正式出版之际，向所有为本书顺利面世做出贡献的人们表示诚挚的谢意。

　　首先要感谢我的导师陈菲琼教授，在我读博期间无私地给予我指导和关怀。学高为师，身正为范。是您引领我走进科研之门，用亲身的榜样教会我治学之道，用不断的鼓励和鞭策帮助我克服求知之苦，用毕生的智慧和品格提点我为人之本。在您门下学习五年，受益良多，足以受用终生，在我的心底永远有一份最深的敬意留给您。本书的成稿凝聚着您的大量心血和辛劳，在此致以深深的谢意。

　　感谢在本书构思、撰写、修改过程中为我提供帮助的张旭昆教授、杨柳勇教授、汪炜教授、邹小芃教授、方红生教授、黄英教授、朱燕建教授、杨晓兰教授，以及各位未曾谋面的匿名评审专家，你们的宝贵意见和建议令我受益匪浅，使得本书内容能够不断地修正、提升。

　　感谢我的师兄师姐王寅、王旋子、黄义良、钟芳芳、徐旸慜，各位同门李飞、孟巧爽、朱虹、刘美丽、张猛超、袁苏苏、费佳婕、蒋凌云、汪茹燕、程畅、魏翔、沈力鸣、张婷、李雪莹、尹欣、朱智勇等，和你们一起度过的日子是一段难忘的回忆，感恩你们对我的帮助和关照。

最后，感谢我的家人，你们是我坚强的后盾、避风的港湾，有你们在，就有一份温情和守候，也是因为有你们，我才成了我。愿你们永远幸福安康，我们一家人能永远相依相守。